跟着苏东坡去旅行

霍晨昕◎编著

北京联合出版公司
Beijing United Publishing Co.,Ltd.

图书在版编目（CIP）数据

跟着苏东坡去旅行 / 霍晨昕编著 . -- 北京 : 北京联合出版公司 , 2024. 12（2025.7 重印）. -- ISBN 978-7-5596-8049-5

Ⅰ . K928.9；K825.6

中国国家版本馆 CIP 数据核字第 2024TX4641 号

跟着苏东坡去旅行　　霍晨昕　编著

选题策划：

出 品 人：赵红仕

项目策划：冷寒风

责任编辑：徐　樟

文图编辑：刘钰琨

装帧设计：罗　雷

美术编辑：任贤贤

图片提供：视觉中国

北京联合出版公司出版

（北京市西城区德外大街83号楼9层 100088）

北京天宇万达印刷有限公司　新华书店经销

180千字　710毫米×1000毫米　1 / 16　9印张

2024年12月第1版　2025年7月第2次印刷

ISBN 978-7-5596-8049-5

定价：45.00元

前言

在历史的长河中，有一些人以他们独特的魅力穿越时空，即便历经千年，仍然是后人心中永恒的星辰。

苏轼，这位北宋时期的文学巨匠，他不仅是杰出的政治家、书法家、画家，还是一位豁达乐观的旅行者、热爱生活的美食家。

苏轼的一生，是颠沛流离的一生，他的人生轨迹如同一条蜿蜒曲折的河流，流经了北宋的繁华与沧桑，留下了无数脍炙人口的诗篇与传奇故事。苏轼不仅以他卓越的文学成就和深邃的思想影响了无数人，更以他丰富的人生经历和广泛的地理足迹，为我们留下了一幅幅生动的历史画卷。

我们不妨跟随苏轼的脚步，从他的人生起点——四川省眉山市出发，与《宋史·苏轼传》的文字及苏轼留下的文章、诗词一同游览中国的大好河山。

你可以踏入河南开封，感受曾经北宋都城汴京的繁华与市井生活的烟火气；也可以漫步于杭州西湖之畔，聆听“欲把西湖比西子，淡妆浓抹总相宜”的千古绝唱，体会苏轼治理西湖、造福百姓的政绩与情怀；还可以在湖北黄州赤壁，与东坡先生一同追忆三国往事，吟咏“大江东去，浪淘尽，千古风流人物”的豪迈……纵使人间千载变幻，早已物是人非，我们仍然能够在诸多古迹、后人的评价中看到苏轼留下的痕迹。

让我们追随苏东坡，共赴这场跨越千年的文化之旅。

目录

专题

专题

苏东坡是谁？

专题

懂茶的品茗者
随遇而安的乐天派
酿酒大师
一流的画家
爱酒如命的人
士大夫
行走的美食家
爱民如子的父母官
皇帝的秘书
百姓之友
治理水患的工程师
政治上的坚持己见者
悲天悯人的道德家
写作优美的散文作家
伟大的书法家
社交达人
豪放派词人的代表
『唐宋八大家』之一
幽默风趣、爱开玩笑的人
假道学的反对派

苏轼的个人信息

生日

1月8日

星座

摩羯座

字

和仲、子瞻

号

东坡居士、西湖长、铁冠道人

别名

苏东坡、苏文忠、苏仙、坡仙、苏玉局

谥号

文忠

生活朝代

北宋仁宗、英宗、神宗、哲宗、徽宗年间

头衔

文学家、书画家、治水名人、美食博主

爱好

沐浴、瑜伽、炼丹、品鉴美食、旅游

喜欢的植物

竹子、松树、海棠

喜欢的水果

闽广荔枝、西凉葡萄、吴越杨梅

崇拜的偶像

陶渊明、韩愈、白居易

教育背景

◎宋仁宗嘉祐二年（1057）

参加科举，进士及第

◎宋仁宗嘉祐六年（1061）

参加制科考试，被评为第三等

个人、工作经历

- **1037** 出生于眉州
- **1054** 与王弗结婚
- **1056** 离开故乡，进京考试
- **1057** 一举成名，获欧阳修赏识；母程氏逝世，回乡服孝（一起）
- **1060** 授河南府福昌县主簿
- **1061** 参加进士考试、制科考试；任凤翔府判官
- **1065** 妻王弗逝世；任直史馆
- **1066** 父苏洵逝世，回乡服孝
- **1068** 与王闰之结婚
- **1069** 服孝期满还朝，王安石变法开始
- **1071** 任杭州通判
- **1072** 恩师欧阳修逝世
- **1074** 任密州知州
- **1077** 任徐州知州
- **1079** 任湖州知州；因“乌台诗案”下狱（一落）
- **1080** 任黄州团练副使
- **1085** 哲宗即位，太后摄政，被召还朝（二起）；任朝奉郎知登州；任礼部郎中被召还朝，升起居舍人、中书舍人、翰林学士、知制诰，任礼部贡举
- **1089** 任龙图阁学士、知杭州；因与司马光政见不合，请求外调（二落）
- **1091** 任颍州知州；再度回朝任职（三起）
- **1092** 任扬州知州
- **1093** 任定州知州；妻王闰之逝世；太后驾崩，哲宗亲政，一贬再贬（三落）
- **1094** 任英州知州
- **1095** 宁远军节度副使，惠州安置
- **1097** 任儋州知州
- **1100** 徽宗即位，大赦天下，得以北返；复任朝奉郎
- **1101** 逝世于常州

东坡先生长什么样儿？

专题

明代朱之蕃临摹的传为李公麟某个版本的《东坡笠屐图》，可能是比较接近苏东坡长相的画作。

◎眼睛有神——

“紫瞳烨烨双秀眉”（孔武仲《谒苏子瞻因寄》）

◎眉疏目朗——

“眉目云开月静”（黄庭坚《东坡先生真赞》）

◎脸型上尖下方——

“方瞳正碧貌如圭”（米芾《苏东坡挽诗五首·其一》）

◎面部骨骼特征明显——

“吾尝于灯下顾自见颊影，使人就壁模之，不作眉目，见者皆失笑，知其为吾也”（苏轼《传神记》）

◎颧骨高耸——

“华严长者貌古奇”（孔武仲《谒苏子瞻因寄》）

◎胡子稀疏——

苏轼曾用《论语·子路》中的“小人樊（繁）须也”调侃秦观，秦观以《论语·子罕》中的“君子多乎（胡）哉”机智回应，可见苏轼不是胡须浓密的人

◎身材高大——

“七尺顽躯走世尘”（苏轼《宝山昼睡》）

现代 · 张大千
《东坡居士笠屐图》
东坡居士头戴斗笠，脚蹬木屐，肩披长袍，手拄长杖，神态安闲自若，尽展“竹杖芒鞋轻胜马，一蓑烟雨任平生”的气度
北宋 · 李公麟（款）《东坡笠屐图》
北宋著名画家李公麟是苏轼的至交好友，创作过多幅他的画像，苏轼《自题金山画像》中引起万千感慨的画作便是李公麟所画
北宋 · 李公麟《扶杖醉坐图》摹本
东坡居士头戴筒高檐短的“东坡帽”，手拄藤杖坐在石头上，颧骨高耸，两颊清瘦，胡须稀少，看上去醉意蒙眬

东坡行迹图

专题

凤翔

眉州

1 眉州 四川省眉山市

特色看点：

熊猫 瓦屋山 中岩寺 三苏祠

2 汴京 河南省开封市

特色看点：

菊花 清明上河园 大相国寺

3 凤翔 陕西省宝鸡市凤翔区

特色看点：

豆花泡馍 法门寺 东湖

4 杭州 浙江省杭州市

特色看点：

西湖 大麦岭 灵隐寺 钱塘江

5 密州 山东省诸城市

特色看点：

恐龙化石 超然台 九仙山 马耳山

6 徐州 江苏省徐州市

特色看点：

云龙湖 黄楼 燕子楼 云龙山

7 湖州 浙江省湖州市

特色看点：

道场山 万寿寺 何山 飞英塔

8 黄州 湖北省黄冈市黄州区

特色看点：

东坡赤壁 遗爱湖 定惠院 安国寺 青云塔

9 登州 山东省烟台市蓬莱区

特色看点：

蓬莱阁 苏公祠

10 颍州 安徽省阜阳市

特色看点：

颍州西湖

11 扬州 江苏省扬州市

特色看点：

瘦西湖　大明寺　平山堂

12 定州 河北省定州市

特色看点：

开元寺塔　雪浪石

13 惠州 广东省惠州市

特色看点：

罗浮山　惠州西湖　白水山

14 儋州 海南省儋州市

特色看点：

椰子　中和古镇　东坡书院　载酒亭

15 常州 江苏省常州市

特色看点：

东坡公园　藤花旧馆

东坡世系图

专题

苏轼祖籍是河北赵郡栾城，唐神龙元年（705），曾任宰相之祖苏味道被贬入川，任眉州刺史，死于任所，其后裔落籍眉州。

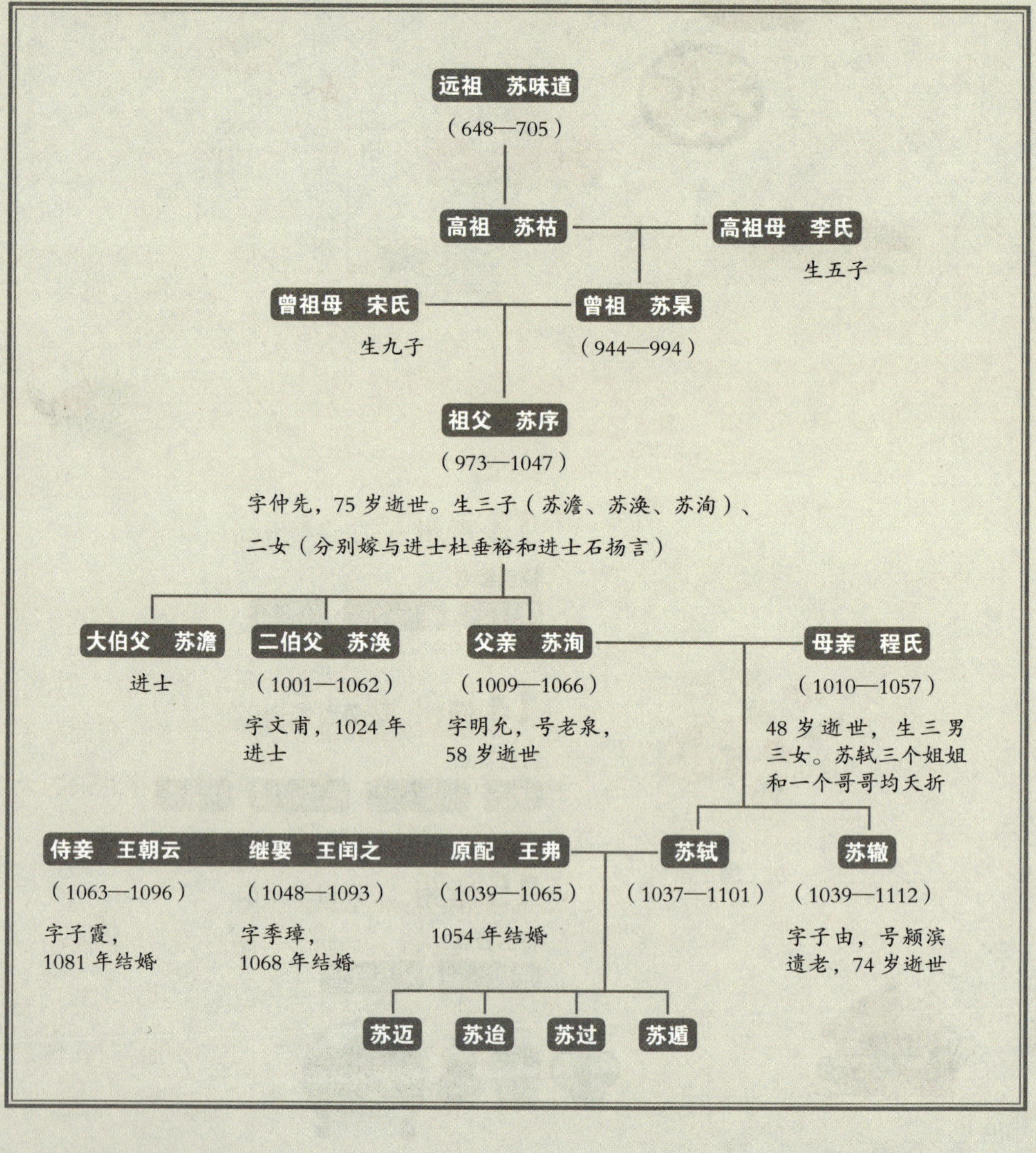

- **远祖　苏味道**（648—705）
  - **高祖　苏祜** —— **高祖母　李氏**：生五子
    - **曾祖　苏杲**（944—994） —— **曾祖母　宋氏**：生九子
      - **祖父　苏序**（973—1047）：字仲先，75 岁逝世。生三子（苏澹、苏涣、苏洵）、二女（分别嫁与进士杜垂裕和进士石扬言）
        - **大伯父　苏澹**：进士
        - **二伯父　苏涣**（1001—1062）：字文甫，1024 年进士
        - **父亲　苏洵**（1009—1066）：字明允，号老泉，58 岁逝世 —— **母亲　程氏**（1010—1057）：48 岁逝世，生三男三女。苏轼三个姐姐和一个哥哥均夭折
          - **苏轼**（1037—1101）
            - **原配　王弗**（1039—1065）：1054 年结婚
            - **继娶　王闰之**（1048—1093）：字季璋，1068 年结婚
            - **侍妾　王朝云**（1063—1096）：字子霞，1081 年结婚
            - **苏迈**　**苏迨**　**苏过**　**苏遁**
          - **苏辙**（1039—1112）：字子由，号颍滨遗老，74 岁逝世

眉州 共将诗酒趁流年

城市名片

名　　称　眉州（今四川省眉山市）
美　　誉　“进士之乡”“千载诗书城”“人文第一州”
位　　置　四川盆地，成都平原西南部、岷江中游
东坡线索　1037—1056 年生于此，长于此；1057—1059、1066—1068 年间两次归家守孝
东坡足迹　岷江、中岩寺、唤鱼池、老翁山、三苏祠、柳林古镇
东坡诗文　《寄黎眉州》《送杨孟容》《眉州远景楼记》等

东坡生平

苏轼，字子瞻，眉州眉山人。生十年，父洵游学四方，母程氏亲授以书，闻古今成败，辄能语其要。程氏读东汉《范滂传》，慨然太息。轼请曰：“轼若为滂，母许之否乎？”程氏曰：“汝能为滂，吾顾不能为滂母邪！”

——《宋史·苏轼传》

苏轼生在眉州，长在眉州。自北宋景祐四年（1037）出生，至嘉祐元年（1056）动身前往京城汴京参加科举考试。他在眉州度过了人生的童年、青年时期。通过进士考试，任职各地后，苏轼又因父母去世于 1057—1059 年和 1066—1068 年两次归乡，居家守孝。1068 年，31 岁的苏轼守丧结束离开眉州，自此身不由己，宦海沉浮，漂泊流离，走遍了北宋的大半疆域，却再没能踏上故土。

“归去来兮，吾归何处？万里家在岷峨。”（《满庭芳·归去来兮吾归何处》）眉州以山水浸染了苏轼心灵的底色，以文化滋润了苏轼笔墨的痕迹，是他一生所行的起点，也成为他魂牵梦绕、魂兮归来的故乡。

一门父子三词客，八百进士出眉山

眉山，古称眉州，位于四川盆地成都平原西南部、岷江中游，南瞰乐山，北接成都，西连雅安，是成都平原通联川南、川西的咽喉要地和南大门。眉山域内山峦纵横、丘陵起伏，东、西部为山地，中部是岷江冲击和洪积平原，依山傍水，土地肥沃，水利资源丰富。古人形容此地为“坤维上腴，岷峨奥区”，即西蜀平原西南方最富饶的地方，岷江与峨眉山之间最重要的地方。

眉山建制于南齐建武三年（496），距今已有1500余年的历史。“吾家蜀江上，江水绿如蓝。”（《东湖》）眉山是宋代文学家苏洵、苏轼、苏辙三父子的故乡，唐宋散文八大家中，眉山苏洵、苏轼、苏辙独占三席。除“三苏”外，眉山历史上群英荟萃，名人辈出，先秦有长寿传奇彭祖，西晋有孝道典范李密，唐朝有高僧悟达，北宋有著名谏官田锡、宰相何栗，南宋有名相虞允文，清代有蜀中才子彭端淑，近现代有书画大家冯建吴、石鲁，地质学家黄汲清等。仅两宋时期，眉州一带就有八百余人考取进士，连宋仁宗都不禁感慨：“天下好学之士皆出眉山。”“一门父子三词客，八百进士出眉山”，眉山由此名满天下，成为中国历史上有名的“进士之乡”，赢得了“千载诗书城”“人文第一州”的赞誉。

眉州文化底蕴浓厚，苏轼在《眉州远景楼记》中写道：“吾州之俗，有近古者三。其士大夫贵经术而重氏族，其民尊吏而畏法，其农夫合耦以相助。盖有三代、汉、唐之遗风，而他郡之所莫及也。”“其民皆聪明才智，务本而力作。”用通俗的语言来解释，即眉州有三种接近古风的习俗，一为士大夫以学习经术为贵并重视宗族亲戚，二为民众尊重官府而敬畏律法，三为农夫合作耕种以互相帮助。这些都是三代、汉、唐时期的遗风余韵，其他各郡都比不上。当地民众十分聪慧，专心务农。与此相关的，是雕版印刷术的发明与发展。

早在唐代开元年间，眉州孙氏就筑楼藏书，规模甚大，唐僖宗曾御笔题写匾额赐赠。到了宋代，孙氏后人孙降衷在京城购置了万卷书籍回乡，孙氏书楼成为当时天下藏书最多、历史最久的私家图书楼。这些来自京城的图书促进了当地雕版印刷的发展，西南地区的出版中心南移至眉州，四川眉州与浙江杭州、福建建阳形成鼎足，成为全国三大刻版印刷中心之一。受此影响，眉州学风蔚然，《修谯楼记》记载：“其民以诗书为业，以故家文献为重，夜燃灯，诵声琅琅相闻。”由此，我们可以窥见苏轼生长成才的环境与氛围。

眉州孕育了苏轼，苏轼也成就了眉州。传说，苏轼出生那年，眉山域内郁郁苍苍的青山草木枯萎，百花凋零，钟灵毓秀之气集于苏轼一人身上，直至他离世，山色才复青。海南苏公祠的对联，是对此最好的写照——此地能开眼界，何人可配眉山。

千古兄弟情

苏轼幼时与苏辙一同在眉山学者刘巨的寿昌院就读，同学之间兴起一种文字游戏，几个小朋友坐在一起，出个题目，每人轮流作一句或两句，串联起来，使之成为一首完整的诗，是为“联句”。一天，天下大雨，枯坐无聊，他们便玩了起来。

苏辙时方十岁，
结句尚有困难，
引得众人捧腹大笑。

三苏祠：诗书传家，文留千古

四川眉山，并不是什么通都大邑，但自从出了“三苏”之后，慕名而来的游人足以让这座小城永远都不寂寞。“三苏”是继“三曹”之后文学家族的典型代表，其中，最有人文性和娱乐性的毫无疑问是大文豪苏轼。千百年来，在国人心中的文人排行榜上，无论标准怎么苛刻挑剔，他都能够以最轻松的姿态，毫无悬念地进入前三名。眉山出了这样惊天动地的大人物，“三苏祠”的出现，也就不足为奇了，甚至历史上还有人嫌其规模格局不够大气，不能完美体现文坛“三苏”应有的历史地位。

◆东坡逸事◆

家乡的荔枝树

北宋熙宁元年（1068），苏轼归家服丧。再度返京前，同乡朋友们前来送行，在老宅中栽下一棵荔枝树，并许下约定：待荔枝树长大时，他便归家。谁承想，一至京城，苏轼便被卷入政治旋涡，流离半世。荔枝树在家乡的三苏祠岁岁年年守望等待，它的主人却再未归来。

22 年后，苏轼在杭州任上想起家乡的荔枝树，无限惆怅：

《寄蔡子华》（节选）

故人送我东来时，手栽荔子待我归。

荔子已丹吾发白，犹作江南未归客。

“三苏祠”是在“三苏”的旧宅上改建而成的，还原了苏轼少年时“前有竹柏杂花，丛生满庭，众鸟巢其上”（《东坡志林》）的居所。作为国内最大的“三苏纪念馆”，如今占地约 7 万平方米。它不再仅仅是一座宅院，更像是一种象征、一种寄托、一种精神的归处。馆内有三苏及其家人的塑像，供络绎不绝的游客作精神膜拜。馆内古迹众多，如曾经的洗砚池、古井，看到这些与先贤日常生活相关的遗迹，每个人多少都会产生想沾点儿仙气的冲动吧。据说，每年高考前，当地的学生都会来三苏祠，用古井中的水洗手，希望能同苏轼、苏辙两兄弟一般考出好成绩。

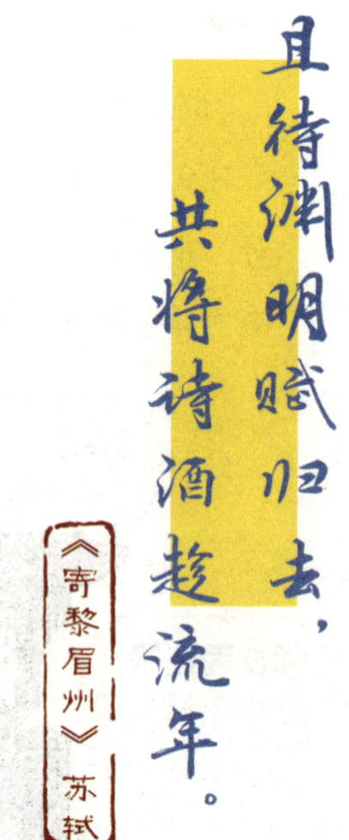

三苏祠毕竟只是一个供人凭吊的场所，其中的三苏如何诗书传家，如何彼此切磋思想，才是应该关注的重点。“门前万竿竹，堂上四库书。”（《答任师中家汉公》）自苏洵的父亲苏序起，就十分重视读书。苏序曾言：“吾欲子孙读书，不愿富。”苏洵前半生蹭蹬科场，于是把大量精力用来教子读书，提高诗文技艺，“游戏图书，寤寐其中”。晚年的苏轼梦见幼时没能按时背诵《春秋》，被父亲惩戒，仍会惊出一身汗来。苏轼的母亲，出身大户人家，对两个儿子的言传身教颇有章法，她经常给他们讲前人的故事，培养他们的道德情操，教导孩子“不残鸟雀”“不发宿藏”“奋厉有当世志”。严父慈母经年累月的教导，终于使苏轼兄弟光彩夺目，那光彩照耀千年，后人无法超越。而所有的一切，都是在这“三苏祠”内完成的。

来过一次三苏祠，当我们再吟诵“但愿人长久，千里共婵娟”“大江东去，浪淘尽，千古风流人物”“不识庐山真面目，只缘身在此山中”“欲把西湖比西子，淡妆浓抹总相宜”“世事一场大梦，人生几度秋凉”这些经典名句时，我们的脑海中除了“明月”“大江”“庐山”“西湖”“人生”这些意象外，应该也会不时浮现出“三苏祠”的一草一木吧？

瓦屋山：瓦屋寒堆春后雪，峨眉翠扫雨余天

北宋熙宁九年（1076），苏轼写下了一首七律《寄黎眉州》：

胶西高处望西川，应在孤云落照边。
瓦屋寒堆春后雪，峨眉翠扫雨余天。
治经方笑《春秋》学，好士今无六一贤。
且待渊明赋归去，共将诗酒趁流年。

此时苏轼正在密州任上，政治上不得志，无法施展拳脚，他的思乡与归隐之情渐浓，写诗遥寄任眉州知州的黎錞。瓦屋山便是他所思念的家乡符号之一。

瓦屋山位于四川盆地西沿的眉山市洪雅县西南部，海拔1154—2830米，山顶面积11平方千米，方平厚正，状若瓦屋，故而得名，是一座世间罕见的平顶桌山。瓦屋山东面便是名人雅士常常登临的峨眉山。天清气朗的时候，两山迎面相对，如在眼前，因此有姊妹山之称，被并誉为“蜀中二绝”。南宋画家夏圭的《长江万里图》中，岷江之滨有两座并立的山形，即为峨眉与瓦屋。“巴蜀风光，峨眉十之三，瓦屋得六七”，陆游诗云“山横瓦屋披云出，水自牂牁裂地来”，英国植物学家、探险家威尔逊称赞它为“云霭之上一个巨大的诺亚方舟”，《中国国家地理》也将其列为“四川最美拍摄点”之一……

瓦屋山不仅拥有古老的文化底蕴和丰富的地貌，而且有多种珍稀和特有的动植物种类，共生长有植物3600多种，野生动物460多种，鸟类约300种。大熊猫、小熊猫、鬣羚、毛冠鹿、红嘴雅雀等野生动物都在这里生息繁衍。瓦屋山间生长着60万亩杜鹃、30万亩珙桐，被誉为“世界杜鹃花的王国”和“中国鸽子花的故乡”，其中有17种以“瓦屋山”命名的杜鹃被列入英国皇家的《植物大辞典》。

瓦屋山“春看杜鹃、夏观飞瀑、秋赏红叶、冬睹冰雪”，也被誉为“水的世界、洞的天下、花的王国、雪的摇篮、云的故乡、动植物的博物馆”。

一年四季，美景各不相同，但同样引人入胜。春日，行走在瓦屋山间，漫山遍野的各色杜鹃花从山麓至山顶次第绽放，目之所及，皆为花的芬芳明丽。春夏之交，珙桐的白色苞片绽开，如同白鸽展翅欲飞，山风吹拂，满树花动。夏日，当赏瀑布。瓦屋山地处中国雨水最密集的“华西雨屏”，常年丰沛的降水，加之特殊的桌山地质结构，使其成为当之无愧的“流水世界”“瀑布天堂”。瓦屋山大小瀑布总计 72 条，其中著名的兰溪瀑布海拔约 2662 米，总高 1040 米，飞泻而下，跌落山涧，气势磅礴。秋日，层林尽染，万山斑斓，徒步赏彩林，犹如徜徉在童话世界。冬日，瓦屋山积雪时间长达半年之久，冰瀑、冰柱、雪凇、雾凇在苍茫的林海雪原间随处可见。

瓦屋山与雅女湖

雅女湖位于瓦屋山脚下，倒映着瓦屋山的影子。

湖边有一处世外桃源叫王坪，是远眺和欣赏瓦屋山的最佳地点之一，夏季也可看到流星和银河。

竹外桃花三两枝

汴京

城市名片

名　　称	汴京（今河南省开封市）
美　　誉	“八朝古都”“天下首府”“北方水城”
位　　置	河南省中东部，黄河中下游平原
东坡线索	1056—1057、1060—1061 年进士考试；1079 年入狱；数度京城任职
东坡足迹	兴国寺浴室院、西岗、怀远驿、大相国寺
东坡诗文	《刑赏忠厚之至论》《牛口见月》《惠崇春江晚景二首》

东坡生平

嘉祐二年试礼部。方时文磔裂诡异之弊胜，主司欧阳修思有以救之，得轼《刑赏忠厚论》，惊喜，欲擢冠多士，犹疑其客曾巩所为，但置第二。复以《春秋》对义居第一，殿试中乙科。后以书见修，修语梅圣俞曰：“吾当避此人出一头地。”闻者始哗不厌，久乃信服。

——《宋史·苏轼传》

开封，是苏轼人生中重要的一站，他在这里登上了人生最高点，也在这里度过了至暗时刻。北宋嘉祐元年（1056），苏轼离开故乡眉州，同父亲、弟弟千里迢迢奔赴帝国的中心、东京梦华之所在——汴京。第二年，苏轼考中进士，获得主考官欧阳修的提携，金榜题名。嘉祐六年（1061），又在天子特诏的制科考试中，“制策入三等”，自此名震京师。刚刚步入仕途，想要一展才华的苏轼不会预料到，二十多年后，他会沦落为朝廷千里追缉的囚犯，身陷囹圄，从任职地被带回汴京，关押在御史台。

从汴京开始，苏轼踏上了三起三落的命运轨迹，从意气风发的少年一步步蜕变为超然豁达的东坡居士。

汴京：八荒争凑，万国咸通

开封古称东京、汴京、汴梁等，地处中原腹地、黄河之滨，是中原经济区的核心城市，也是世界上唯一一座城市中轴线从未变动的都城。开封历史悠久、底蕴厚重，迄今已有4100余年的建城史和建都史。夏朝、战国时期的魏，五代时期的后梁、后晋、后汉、后周，北宋和金相继在此定都，素有“八朝古都”之称。北宋时期，开封孕育了上承汉唐、下启明清，影响深远的“宋文化”。除此之外，开封还是著名的戏曲之乡、木版年画艺术之乡、盘鼓艺术之乡，名人文化、宋词文化、饮食文化、黄河文化、府衙文化灿烂悠久。

黄河中游的裴李岗文化遗址，是新石器时代中期的文化遗址之一，充分证明了五六千年前已经有人类在这里生活。夏朝曾将都城定于开封一带，称此地为“老丘”；商朝时改名为“嚣”；春秋时期，郑庄公在开封朱仙镇一带修筑仓城储备粮食，以便“启

开封府（现代仿古建筑）

历代的官府中以北宋开封府规模最为宏大，地位显赫。

拓封疆”，故改称此地为“启封”。

战国时期，魏惠王为称霸中原，将都城从安邑迁往开封，并将开封更名为大梁。在魏国统治期间，开封城得以快速发展。惠王引黄河水灌溉开封周边的田地，促进了农业的发展，疏通了黄河与淮河间的主要水道，便利了水运交通，也带动了商业的迅速发展。这时的开封城中还发生了“孟子游梁”“窃符救赵”“孙膑智斗庞涓”等脍炙人口的历史故事。公元前 225 年，秦王嬴政派大军攻打魏国，魏国城破国亡。秦朝在此设大梁县，数百年之后，开封城才恢复“启封”之名。

汉景帝年间，为避景帝刘启之讳，便将启封改名为开封，隶属河南郡，这是历史上“开封”的源头。南北朝时期，开封城称汴州、梁州，由于水运条件优越，受到北魏、北齐等君主的青睐，开封开始了自魏国之后的第一段中兴。

如果说宋朝以前的那些前尘过往对开封来说是一种铺垫，那么宋朝无疑是开封千年风华中最灿烂的一笔。960 年，后周大将赵匡胤在距开封城 20 千米的陈桥驿发动兵变，建立了北宋王朝，定都开封，在之后长达 167 年的统治时期，开封城曾一度市井繁盛，八荒争凑，万国咸通。此时的开封，被更名为东京，也称汴京。经历长时间的休养生息后，开封的经济迅速复苏。一时间，开封城内商贾云集，成为当时世界上最繁华的大都市之一，享有“汴京富丽天下无”的赞誉。

今日开封城，是闲适的，古老的城墙时断时续，大相国寺依然如千年前一样巍然耸立，城中的湖水如往日一般清澈，似乎曾经的那段辉煌并未远走。街角的斗鸡、公园里的声声祥符小调、家家户户种植的菊花……开封人依然保留着传承千年的风俗。

清明上河园：一朝步入画卷，一日梦回千年

苏轼、苏辙虽为四川人，却并没有参加四川乡试，而是随父亲赶赴京师参加科考。嘉祐二年（1057）科举考试的主考官为当时的文坛领袖、一代文宗欧阳修，副考官有翰林学士王珪、龙图阁学士梅挚、参知政事韩绛，阅卷人为宋诗“开山祖师”梅尧臣。那一年的录取名单更是群星璀璨、龙争虎斗，无论政治、军事、文学、经学领域，都有千年后如雷贯耳的名字上榜，独领风骚，因此被誉为“千年科举第一榜”，《宋史》有传的就有24人，有9人官至宰相。“唐宋八大家”之苏轼、苏辙、曾巩登上历史舞台，给后世文坛带来深远而持久的影响；理学家之程颢、程颐、张载，“为天地立心，为生民立命，为往圣继绝学，为万世开太平”的壮语至今仍铿锵有力；名将王韶击溃羌、西夏军队，为大宋开疆拓土两千里，使丝绸之路重新畅通；对北宋政治造成深远影响的章惇、吕惠卿……

苏轼这次考试所作的文章《刑赏忠厚之至论》深受梅尧臣和欧阳修的赞赏，欧阳修本想将其置于第一，但又担心为自己的门生曾巩所作，为了避嫌列为第二。礼部复试时，苏轼以《春秋》对义列为第一。欧阳修曾感慨道：“读轼书，不觉汗出，快哉！快哉！老夫当避路，放他出一头地也。可喜！可喜！”“汝记吾言，三十年后，世人不更道着我也！”四年后，宋仁宗举行制科考试，亲自策问，那日策试苏轼、苏辙后，宋仁宗欣喜地告诉曹皇后：“吾今日又为子孙得太平宰相两人。”

此时的大宋，天下太平，能人辈出，光辉照耀整个世界。

宋·张择端《清明上河图》（局部）汴河

北宋翰林图画院翰林待诏张择端在其名作《清明上河图》里给予了当时的开封城最直观的描绘，如织的游人、来往的舟车、远高近低的茶楼酒肆都在张择端的笔下徐徐展开。

宋时的《清明上河图》，今日的清明上河园。在开封市龙亭湖西岸，以《清明上河图》为蓝本的清明上河园沿岸而建。租一套汉服，撑一把竹骨伞，转身走进清明上河园，仿佛走入了泛黄的画卷里，亦走进了市井繁华、鳞次栉比的宋都。

迎宾门外广场上，只见开封府尹包拯正率文武百官，迎四海宾客，行开园大典。沿着古色古香的宋街信步前行，一路莺歌燕啼，微风拂柳，只见身着宋装的男女穿梭其间，叫卖声、杂耍声、拉车声，声声入耳。若有闲暇，不妨到茶楼酒肆中温一盅酒，沏一壶清茶，点几道小菜，也算是体味

千古兄弟情

1060年，兄弟俩为母守丧结束后返回京师，寓居京郊怀远驿准备制科考试。七八月间的一天夜晚，秋风起，间又下起潇潇冷雨，他们意识到出仕后就要宦游四海，天各一方，不禁生出离别伤感。正巧苏轼读至唐代诗人韦应物之诗“安知风雨夜，复此对床眠”，兄弟二人就此作下风雨对床约定。

后来兄弟二人所作诗赋中，也多次提到“风雨对床”之约。

一回宋人的风雅了。

虹桥卧波，汴水东流，汴水之上的虹桥是《清明上河图》的中心，北宋覆亡后，它与干涸淤死的汴河河道一起湮灭在历史的尘埃中。今天，当这座“虹桥”再次在“汴水”之上架起，人们仿佛在碧波尽头看到了当年漕运的盛景。

走下虹桥来到王员外府前，京城首富王员外家正在招婿，只要能接住王小姐抛出的绣球，就能“结下”这桩美满的“姻缘”。清明上河园的趣味就在于，在沉浸式的游园活动中，游客不再是游客，而是真正的大宋子民。如果你满腹才学，不妨到四方院中换上宋装舞文弄墨一番，说不定就能中个状元郎。

悬在天际的明月依旧是北宋的那轮明月，当年的勾栏瓦肆已变成了如今的高楼大厦。幸运的是，人们依然能够从清明上河园的一砖一瓦、一花一草中感受到那来自宋都的韵味。

清明上河园

清明上河园内穿流而过的河水如往昔一样清澈，仿佛昔日的繁华再现。

大相国寺：大相国寺天下雄

大相国寺位于开封市中心，原为战国四公子之一信陵君的故宅。北齐文宣帝天保六年（555），尊崇佛教的君主命人建造了建国寺，后毁于战火。唐代时重建并屡次修葺，唐睿宗为纪念他以相王身份入继皇位，御赐寺名“大相国寺”。北宋时期，大相国寺空前繁荣，有“皇家寺院”之称，宋太宗、宋英宗、宋徽宗等先后为寺院题额或制赞，寺院各院住持的任命和辞归均由君王诏旨允准，诸位皇帝到大相国寺巡游、上香。

《东京梦华录》记载：“大殿两廊，皆国朝名公笔迹……大殿垛廊皆壁隐楼殿人物，莫非精妙。”画圣吴道子所画文殊、维摩像，塑圣杨惠之所塑五百罗汉，都能在这里看到。梅尧臣游览大相国寺时曾写诗盛赞：“吴画与杨塑，在昔称绝伦。深殿留旧迹，鲜逢真赏人。一见如宿遇，举袂自拂尘。金碧发光彩，物象生精神……”如唐代进士及第盛行刻石于长安大慈恩寺的大雁塔，宋代进士及第，会刻石于大相国寺。因此，它在文人心中地位超然，是当时的“打卡胜地”，文人墨客常于此聚会、宴饮、雅集，范仲淹、欧阳修、王安石、李清照、米芾、程颢、张载、曾巩、黄庭坚等都与大相

大相国寺内供奉的千手千眼佛像

大相国寺山门

国寺颇有渊源。苏轼作为北宋最著名的文学家，自然也在此留过墨宝。《汴京遗迹志》载，相国寺中有两块色如玄玉的苏东坡题字刻石，其中一块记载着他携亲友来寺中观赏驸马都尉王诜所画墨竹一事：“苏子瞻、子由、孙子发、秦少游同来观晋卿墨竹，申先生亦来。元祐三年八月五日。老申一百一岁。”

除此之外，大相国寺还是宋代汴京的商贸中心，每月五次开放，万姓交易，“凡商旅交易，皆萃其中，四方趋京师以货物求售转售他物者，必由于此。”四方珍异之物，都能在大相国寺的集市上找到，米芾、李清照赵明诚夫妇都爱来这里“淘宝”，苏轼在《东坡志林》中也写有集市上的见闻趣事。

◆东坡美食◆

三白饭

东坡尝与刘贡父言：“某与舍弟习制科时，日享三白，食之甚美，不复信世间有八珍也。”贡父问三白之说，坡言：“是一撮盐，一碟生萝卜，一碗饭。”贡父大笑。

某日，刘贡父请苏轼来家中吃“皛饭”，苏轼兴冲冲赴宴，发现桌上只有盐、萝卜和饭，这才恍然大悟。次日，他约刘贡父吃“毳饭”，刘贡父几度索饭，苏轼都答曰再等等，最后刘贡父饿得受不了，苏轼才慢吞吞地说：“盐也冇（‘冇’意为‘无’，和‘毛’同音），萝卜也冇，饭也冇，这不就是‘毳饭’吗？”

今天，位于开封市中心的大相国寺依然殿宇巍巍，霜钟远振。寺内钟楼悬挂的铜钟是乾隆年间的遗物，上铸“皇图永固，帝道遐昌，佛日增辉，法轮常转”十六字铭。每当秋日寒霜之时，每每敲击之，声音清越悠远。通过玉带桥和放生池，看到的便是正殿——大雄宝殿。大殿重檐斗拱，雕梁画栋，金碧交辉，殿中的佛像高大威严，神态慈祥。作为大相国寺的核心建筑，寺中的僧侣平时便在此进行集中修持。

宋仁宗

“吾今日又为子孙得太平宰相两人！”

凤翔

应似飞鸿踏雪泥

城市名片

名　　称　凤翔（今陕西省宝鸡市凤翔区）
美　　誉　“青铜器之乡”“西凤酒乡”
位　　置　关中平原西部，宝鸡市东北
东坡线索　1056 年路过这里；1061—1065 年在这里任签书判官
东坡足迹　凤翔府、东湖
东坡诗文　《喜雨亭记》《凌虚台记》《凤鸣驿记》等

东坡生平

除大理评事、签书凤翔府判官。关中自元昊叛，民贫役重，岐下岁输南山木筏，自渭入河，经砥柱之险，衙吏踵破家。轼访其利害，为修衙规，使自择水工以时进止，自是害减半。

——《宋史·苏轼传》

苏轼的一生和凤翔有过两次相会。

第一次非常短暂，那是北宋仁宗嘉祐元年（1056），他和父亲苏洵、弟弟苏辙一起从眉州出发，要到汴京去赶考，路过凤翔，在凤翔驿馆歇了歇脚。这是个年久失修、十分破落的驿馆，苏轼感慨地说“不可居而出”。

第二次相会是五年之后，苏轼已经是朝廷命官，他要到凤翔府当签书判官，主要管理“五曹文书”。虽然官职不大，却是他漂泊仕途的首站，足以让他满怀激荡，免不了要在这里留下浓墨重彩的一笔。

凤翔现隶属于陕西省宝鸡市，曾作为秦国的都城长达 327 年。

凤凰飞过的地方

凤翔处于关中平原的西部，东边是岐山，西边是千阳。它曾是华夏九州之一的雍州，商代时是太史周任的封地，名为周国，是西周的发源地。到了春秋战国时期，这里又是秦襄公的封地秦国，是一统天下的秦始皇嬴政的故乡。可以说，周与秦都从雍州而生。所以唐朝为其更名为凤翔不仅符合它古老尊贵的身份，也赋予了帝王对这片祥瑞之地的独特期待。

为什么一定要更名凤翔，和一个古老的传说有关。

传说秦穆公有个女儿名叫弄玉，她精通音律、最善吹箫，箫声绵延悠长，能传到极远的地方，鸟儿听到停止鸣叫，蝴蝶听到收起翅膀。到了婚嫁的年纪，弄玉却迟迟不肯嫁人，因为她心里有一个坚定的愿望，就是要和同样热爱音乐的人长相厮守，但前来提亲的人都不符合条件。

有一晚，弄玉在梦中见到一个少年，他吹奏着动人箫声，骑着一只彩凤翩然而至。少年说他叫萧史，住在华山，最喜欢吹箫，偶尔听到弄玉的箫声便为此着迷，想和弄玉做个朋友。说完两人合奏一曲，弄玉也因此喜欢上这个梦中少年。

梦醒后弄玉恳请秦穆公派人前往华山寻找萧史，没想到真的有这样一个人。就这样，一对可爱的年轻人结成夫妇，每天都用箫声来倾吐浪漫。忽然有一天，箫声引来一对凤凰，将两人驮起飞向了或许是仙界的远方。从此世间再

东湖公园北区内为纪念苏轼而建的苏文忠公祠

也没有弄玉和萧史，但箫声却时不时传遍秦国。此事300多年后，大秦由西而出，成了统一天下的王者。

而在更古老的时代，大约3000年以前，曾有一只凤凰在岐山栖息，在雍州翱翔，都说只有德行高尚的王者才会引来凤凰，不久后周朝便诞生了。于是人们说：“凤鸣岐山，兴周八百年。”

到了苏轼出任凤翔的时候，虽然凤凰已经不见了踪影，但对他来说，这里依旧是他仕途的发祥地，虽然很难称得上是祥瑞之地，也足以是梦开始的地方。只是做官和做学问不一样，苏轼整天埋头处理公文，初次尝到了做官的疲累，再加上第一次阔别家人，独自来到陌生又遥远的地方，心里难免有一种飘泊感，所以他说：“人生到处知何似，应似飞鸿踏雪泥。”人这一辈子四处奔走，就像鸿雁踏在雪地上，只留下几个爪印而已。

但苏轼终究是苏轼，总是能在许多困顿和不安中找到目标和寄托，他为自己打造了一个诗情画意的宅子，前院有池塘，后院有亭台，院子里除了花草，还有身为四川人最熟悉的翠竹。他努力把异乡变成故乡，漂泊的精神渐渐变得安稳。

东湖：入门便清奥，恍如梦西南

光是营造一个温馨的家并不足以让苏轼满足，他于凤翔百姓来说首先是一任官员，所以做一些有利民生的事情是他对抗漂泊、寂寞的另一种方式。当然，这成全的也是他步入仕途以求为国利民的赤子之心。

凤翔最大的问题是干旱，苏轼在《东湖》中写道："有山秃如赭，有水浊如泔。"他从一个青山绿水的地方而来，见到秃山、浊水实在难以适应，尤其在一段时间的考察后，发现曾经在西周时汩汩涌动的"饮凤池"早已成了一潭淤泥，心里更多了几分痛惜。所以让凤翔变得"水润"起来，是苏轼的第一大目标。

"饮凤池"是凤翔水利工程的核

千古兄弟情

1061年仲冬，苏轼带着妻儿离京赴凤翔上任，苏辙踏雪骑马相送。兄弟俩二十多年来头回离别，苏轼数度下车要苏辙复返，苏辙不愿，直到送出四十里外才与兄惜别。苏轼伫立在原地目送弟弟身影消失，难抑离别之情，当即挥诗一首。

苏轼读罢，别情浮上心头，
便又作了那首著名的《和子由渑池怀旧》。

心，苏轼拓宽了池面，又开通水道，把城北的凤凰泉引到饮凤池，从而让湖水变得奔涌而清澈。这条引流的水路绵延数十里，周边的农田都得到了滋养。饮凤池变成了一个巨大的蓄水池，可以在干旱时期泄水，让农田有水灌溉。

苏轼还特地将饮凤池更名为东湖，在周围修建亭台、桥梁，种植莲花、柳树，让一座荒废、干涸的池塘变成了水光潋滟、生意盎然的园林，也终于成了他笔下的“入门便清奥，恍如梦西南”，好像回到了远在西南的故乡一般。

如今的东湖，每天都有苏轼曾经热爱过的凤翔后人来往穿梭。他们穿过湖岸边的柳树，去寻找苏轼种下的第一棵柳树，他曾经希望的绿树成荫、福荫后人都实现了。之后的漫长岁月里，林则徐、左宗棠等人都效仿苏轼在湖边种下一棵柳树，东湖柳逐渐演变成了凤翔三绝之一。

凤翔后人爱苏轼，所以对苏轼留下的园林极其珍视，千年来不断修葺、维护和完善。他们修了苏文忠公祠来纪念苏轼，按照苏轼《东湖》中

人生到处知何似，应似飞鸿踏雪泥。

《和子由渑池怀旧》苏轼

东湖

东湖内汇集了亭、台、楼、阁、廊、轩、榭、堂等建筑。

的“两岸回环先生柳，一湖荡漾君子花”修了君子亭；还有“伊人宛在水中央”的宛子亭；更有“身如不系之舟”的不系舟舫和“忆弟泪如云不散，望乡心与雁南飞”的雁南亭。苏轼的每一句诗词，都在东湖找到了呼应。还有苏轼洗笔的洗砚亭、望苏亭、断桥亭，东湖简直是一座“苏轼主题公园”，里面的一砖一瓦都能传递一个苏轼的故事。

很难不去纪念他，是他亲手在干涸的黄土塬上嵌入了一颗碧绿的明珠，让凤翔东湖成了可以和杭州西湖媲美的一方水色。

凌虚台

喜雨亭、凌虚台：小小喜悦都是成就

在东湖园区内有一座喜雨亭，它原本建在凤翔府内，是苏轼所修，后来迁到园区。

亭子建成的那天下了一场大雨，已经干旱了许久的凤翔太缺这场雨了，苏轼之前甚至为了百姓专门到太白山求雨，没想到亭子建成的这天，雨应景地落下。苏轼狂喜，不仅为亭子取名为“喜雨”，还写下了著名的《喜雨亭记》，“官吏相与庆于庭，商贾相与歌于市，农夫相与抃于野，忧者以乐，病者以愈，而吾亭适成。”字字句句都是难以掩盖的欢喜。

这篇《喜雨亭记》被后人刻在了石碑上，安放于喜雨亭的正中央，如今来往的游人都能在亭子里阅读到这篇千古名作。如果恰好赶上一场微雨，在这个绿瓦红柱的亭子里，就和千年前的那场雨有了微妙的共鸣。

和喜雨亭一样，凌虚台的原址也在凤翔府内，但它的建造者不是苏轼，而是这里的太守陈希亮。苏轼在凤翔时总和陈希亮针锋相对，因为他认为这位太守一方面不太尊重他，认为他太过年轻，而且还经常删减他起草的公文；另一方面太守对下属太过严苛，总是让大家单方面服从。

凌虚台建成之后，陈太守总是喜欢登高望向远处的太白山。不知出于什么原因，陈太守让苏轼写一篇文章来记录高台建成这件事，便有了后来的《凌虚台记》。从文章里看得出苏轼的嘲讽和不满，他说曾经辉煌的宫殿最后也不过残壁断垣，那这高台又如何呢，要是有人想用高台来夸耀自己的功绩，那就大错特错了。没想到陈太守看了文章不仅没有发脾气，反而让人将其刻在了高台的南侧。

容易被人忽略的是，除了《凌虚台记》，高台里还刻着一篇《凌虚台诗》。这首诗也是苏轼所作，只是和《凌虚台记》表达的情感完全不同。因为苏轼也是过了很久才体会陈太守的严格不过是内心正直的流露，而且太守心胸的豁达也远远胜过了苏轼的年少轻狂。于是他后来写了《凌虚台诗》，重新审视了陈太守和曾经的自己。有很多人、很多事，总是要历经人间的酸甜苦辣才能看清的。凌虚台，大概就是那座能让苏轼站在高处，将世间越看越明白的起点。

◆东坡美食◆

豆花泡馍

凤翔有三绝，“东湖柳，姑娘手，金玉琼浆难舍口”，金玉琼浆说的就是豆花泡馍。这是凤翔人最喜欢的早餐，雪白的豆花里泡着金黄色馍片，浇上红色的油辣子，再以碧绿葱花点缀，一口下去吃尽了西北的热情。苏轼在凤翔任职时也自然尝过这种美味，他的家乡也有这样的豆花，咸甜皆可，咸味的也有红色的辣油相伴，所以这一口很容易勾起他的乡愁。这道美食也太像他的经历，他远从西南而来，到西北做官，南北就这样紧密结合在了一起。所以于东坡而言，这是美食，也是人生。

杭州 前生我已到杭州

城市名片

名　　称　杭州（今浙江省杭州市）
美　　誉　“东南名郡”“鱼米之乡”“人间天堂”
位　　置　东南沿海，长江三角洲南翼、钱塘江下游
东坡线索　1071—1074 年任杭州通判；1089—1091 年任杭州知州
东坡足迹　西湖、大麦岭、灵隐寺、钱塘江
东坡诗文　《饮湖上初晴后雨》《六月二十七日望湖楼醉书》

东坡生平

轼见茅山一河专受江潮，盐桥一河专受湖水，遂浚二河以通漕……又取葑田积湖中，南北径三十里，为长堤以通行者……堤成，植芙蓉、杨柳其上，望之如画图，杭人名为苏公堤……轼二十年间再莅杭，有德于民，家有画像，饮食必祝。又作生祠以报。

——《宋史·苏轼传》

杭州，唯一一个苏轼曾两度任职的城市。熙宁四年（1071），苏轼因反对新法屡遭排挤，于是自请外放出京，被授予杭州通判。元祐四年（1089），为避元祐党争，苏轼阔别十四年后又以龙图阁大学士的身份出任杭州知州。在杭州，他是政治家苏轼，修整西湖、疏浚运河、平抑粮价、施药并设立病坊，完成了水利工程、公共设施和医疗机构的建设，深得民心。在杭州，他是文人苏轼，从通判杭州开始尝试词这一创作体裁，在杭州的几年间留下了 300 余篇诗词，其中歌咏西湖的就有 160 余首。在杭州，他也是友人苏轼，呼朋唤友，纵情山水，宴饮聚会。杭州为苏轼提供了施展政治抱负的舞台，而苏轼还杭州以千古风雅与不老神韵。

杭州：我本无家更安往，故乡无此好湖山

杭州位于长江三角洲南翼，亚热带季风性气候区，是浙江省省会和经济、文化、科教中心，长江三角洲中心城市，国家历史文化名城和重要的风景旅游城市。杭州市拥有丰富的自然资源，名山大川、秀湖锦溪样样俱全。在长江和钱塘江两股水流的冲刷下，地形复杂多样，为典型的江南水乡。

杭州历史悠久，是华夏文明的发祥地之一，也是我国著名的七大古都之一，向以“东南名郡”著称于世，被13世纪意大利旅行家马可·波罗称赞为“世界上最美丽华贵之城”。跨湖桥遗址的发掘证明，早在8000多年前，就有人类在这里繁衍生息。距今5000多年前的良渚文化遗址一向被史学界誉为“文明的曙光”。

杭州曾是五代吴越国和南宋王朝两代的建都地，周朝以前，杭州归属扬州管辖，被称为“余杭”。秦始皇统一中国之后，设县治，称杭州为“钱唐”，西汉、三国、两晋和南北朝时期都一直沿用此名。“杭州”首次出现在中国历史上始于隋文帝开皇九年（589），隋文帝杨坚将郡改为州，开皇十一年（591），文帝下令在凤凰山修建城池，这就是杭州城最早的雏形。唐代杭州的经济和商业日趋繁荣，成为全国重要的经济中心之一。五代

西湖畔的雷峰塔与山间的红叶构成了一道美丽的风景线。

吴越国建都杭州，此时的杭州“吴越地方千里，带甲十万，铸山煮海，象犀珠玉之富，甲于天下”。（苏轼《表忠观碑》）至北宋，杭州已是极为富庶之地，宋仁宗曾赠给杭州知府梅挚“地有吴山美，东南第一州”两句诗。苏轼就是在这样的前提下外放杭州。

“前生我已到杭州，到处长如到旧游。”（《和张子野见寄三绝·过旧游》）从苦闷的京城避祸逃离，一至杭州，苏轼就觉得这座湖山秀丽的城市与自己灵魂契合，仿若前世就已来过。“未成小隐聊中隐，可得长闲胜暂闲。我本无家更安往，故乡无此好湖山。”（《六月二十七日望湖楼醉书五绝·其五》）“居杭积五岁，自意本杭人。故山归无家，欲卜西湖邻。”（《送襄阳从事李友谅归钱塘》）苏轼不止一次夸赞过杭州，流露出想在此安家的念头。

苏轼第一次仕杭，任通判，并无实权，将一腔热情投注在杭州美景上，纵情山水，访友宴饮，“两岁频为山水役”；第二次仕杭，苏轼以“两浙西路兵马钤辖龙图阁学士”的身份管辖浙西七州，这一时期，他的聚会和游赏明显变少了，专注于政务，政绩卓著，造福百姓。杭州百姓感念他的德政，“家有画像，饮食必祝，又作生祠以报”。

在杭五年，苏轼的足迹遍布杭州的山水、寺庙、街市、楼台，留下了众多诗词、碑刻、传说。“蜀客到江南，长忆吴山好。吴蜀风流自古同，归去应须早。”（《卜算子·感旧》）东坡已归去，而千年前赏过吟过的美景不灭，历经风雨沧桑，仍在静待有缘人。

西湖：欲把西湖比西子，淡妆浓抹总相宜

说起杭州的山水，人们最先想到的莫过于西湖。而提起西湖，脑海中必然会浮现出苏轼的《饮湖上初晴后雨》：

水光潋滟晴方好，
山色空蒙雨亦奇。
欲把西湖比西子，
淡妆浓抹总相宜。

苏轼钟情于西湖，从他创作的诗词便能窥见一二。大雨滂沱，他酒醉微醺，挥笔写下“黑云翻墨未遮山，白雨跳珠乱入船。卷地风来忽吹散，望湖楼下水如天”（《六月二十七日望湖楼醉书五绝·其一》）；夜月朦胧，他荡舟西湖，吟诵“菰蒲无边水茫茫，荷花夜开风露香。渐见灯明出远寺，更待月黑看湖光”（《夜泛西湖五绝·其四》）；春日赠友，“记取西湖西畔，正暮山好处，空翠烟霏”（《八声甘州·寄参寥子》）；秋日离别，“秋风湖上萧萧雨。使君欲去还留住”（《菩萨蛮·西湖》）；游湖邂逅，“凤凰山下雨初晴。水风清，晚霞明。一朵芙蕖，开过尚盈盈”（《江神子·江景》）。正如清人所言：“西湖山水之美，藉（东坡）品题而愈盛。”

西湖位于杭州市西部，是江南三大名湖之一，被孤山、白堤、苏堤、杨公堤分隔成5个湖区，按面积大小分别为外西湖、西里湖、北里湖、小

苏堤有六座拱桥，从南向北依次为映波桥、锁澜桥、望山桥、压堤桥、东浦桥和跨虹桥。

南湖及岳湖，根据湖区景观，形成了“一山、二塔、三岛、三堤、五湖”的基本格局。

孤山位于湖区北侧的外西湖中。南宋咸淳年间《临安志》中记载：“一屿耸立，旁无联附，为湖山胜绝处。”赞叹孤山周围虽无其他山水相伴，却是观赏西湖景色的最佳之地。孤山南麓有中山公园、文澜阁、浙江省博物馆，西麓有秋瑾墓及西泠印社，东北部有放鹤亭。其中，中山公园原为清代行宫的御花园，1927 年为纪念孙中山先生将其改建而重新命名；西泠印社由近代著名的金石书画艺术团队创立于 1904 年；文澜阁是清代乾隆年间为了存放巨著《四库全书》仿照故宫文渊阁而建；放鹤亭是为了纪念宋代以“梅妻鹤子”闻名天下的林逋而建。看来孤山其实并不孤，满山的历史与文化气息令其他景观望尘莫及。

苏堤、白堤越过湖面，是湖区最美的风光所在。每当太阳升起，晨光初露时，湖面腾起一层薄雾，如雾如烟，好似仙境一般的“六桥烟柳”便出现在人们面前。苏堤俗称苏公堤，全长近 3 千米，南起南屏山麓，北至栖霞岭，堤面平均宽度为 36 米。苏轼任杭州知州期间，西湖水草丛生，湖面已有近半被葑草覆盖，他上书朝廷，奏折开篇便明言“杭州之有西湖，如人之有眉目，盖不可废也”(《杭州乞度牒开西湖状》)，请求疏通和清理西湖获得批准。疏通过程中，清理出来的水草和淤泥无处可放，苏轼灵光一闪，废物利用，将其堆砌成一道长堤，又在长堤两岸种植芙蓉和杨柳，望之宛如图画。百姓为了纪念他的功绩，将此堤命名为苏堤，“苏堤春晓”也成为著名的西湖十景之一。白堤因堤坝上原先铺设有白沙，其在唐朝时被称为白沙堤、沙堤，宋时又称孤山路、十锦塘，两侧种植着柳树和桃树，景色秀美。白堤东起断桥，经锦带桥向西与孤山接于“平湖秋月”。

小瀛洲、湖心亭、阮公墩三个人工小岛鼎立于外西湖湖心。在湖心亭极目四眺，湖光皆收眼底，群山如列翠屏；阮公墩笼罩在郁郁丛林下，茵茵绿草，油油碧色，使这里犹如碧玉盘中闪烁着的一块晶莹翡翠。小瀛洲的精华在于岛南面的三座石塔，称为“三潭印月”。它原是苏轼疏浚西湖后，在苏堤外湖中所立的三座石塔，以石塔为界，出租湖面给农户种植菱角，从而预防葑草重新填满水面。后三塔被毁，到了明代，才又重建恢复了旧迹。每逢月夜，皓月当空，呈现出“天上月一轮，湖中影成三”的绮丽景色，一湖金水欲溶秋，有说不尽的诗情画意。空中月、水中月、塔中月与赏月人心中寄托的“明月”相互辉映，游人在一刹那，得以思接千载，跨越时空，与苏轼同赏一轮明月。

千古兄弟情

1071 年，苏轼因反对王安石变法外放任杭州通判，而杭州恰恰是实行王安石“青苗法”之要地。眼见新法下老百姓生活失序，负担加重，到处是贫困、饥寒、债务，以至胥役的勒索，而自己恰是那执鞭的官吏。苏轼内心煎熬，于是写信给苏辙表露辞官之意。

苏轼：
窃禄忘归我自羞，丰年底事汝忧愁。
不须更待飞鸢坠，方念平生马少游。

苏辙：
贫贱终身未要羞，
山林难处便堪愁。
近来南海波尤恶，
未许乘桴自在游。

没有得到弟弟的支持，
苏轼转而写信给故乡王庆源叔丈，
表其进退无据的悲哀。

灵隐寺：溪山处处皆可庐，最爱灵隐飞来孤

刚到杭州的第三天，苏轼就迫不及待去孤山访惠勤和尚，写下诗作《腊日游孤山访惠勤惠思二僧》："孤山孤绝谁肯庐？道人有道山不孤。"杭州作为东南佛国，寺庙众多，苏轼曾在诗中提过遍寻寺庙的趣味："三百六十寺，幽寻遂穷年。"（《怀西湖寄晁美叔同年》）寻访山寺，与山僧闲话，悠然消磨时光。暮色昏黄之时，穿过灯火通明的熙攘夜市抵返家中，半醉半梦，头脑里的诗句已忘却大半。径山寺、寿星寺、净土寺、净慈寺、水陆寺、上天竺寺等都留下了苏轼的足迹。在杭州，他与很多僧人结交，成为一生的至交好友，如惠勤、辩才、佛印、参寥子等，至今仍有众多充满禅意的古迹与故事留存："六一泉"的由来、西湖龙井的创始、出现在苏轼诗句中最多次的僧人……

其中，灵隐寺是苏轼常去之地，任通判时，他经常带着文书去灵隐寺的冷泉亭中办公，"溪山处处皆可庐，最爱灵隐飞来孤（《游灵隐寺，得来诗，复用前韵》）"。

始建于东晋咸和元年（326）的灵隐寺位于西湖西面，距今已有近1700年的历史，是我国佛教禅宗十大古刹之一。相传印度僧人慧理和尚途经此处，被眼前一座山峰吸引，感叹道："此乃中天竺国灵鹫山一小岭，不知何代飞来？佛在世日，多为仙灵所隐。"便于山前建造寺庙，并取名"灵隐寺"。后经清代康熙皇帝御笔赐名"云林禅寺"。寺庙自创建以来，历经十余次修整，规模最宏大时有9楼、

飞来峰上的大肚弥勒佛

大肚弥勒佛造像是飞来峰上最大的一尊造像。

灵隐寺中康熙皇帝御题“云林禅寺”横匾

18阁、77殿堂以及3000僧众，礼佛朝拜盛景颇为壮观。苏轼游灵隐寺时，曾写下“高堂会食罗千夫，撞钟击鼓喧朝晡（《游灵隐寺，得来诗，复用前韵》）”，可见当时盛况。

游览结束，还需品尝一回云林香茗才不虚此行。寺中饮茶讲求宽心静气，待香烟升起、箫声曼妙之时，品第一道“法净禅茶”，第二道“武夷岩茶”随古琴音起徐徐而来；琴箫合奏，“普洱香茗”不期而至，众生终得圆满。

◆东坡逸事◆

钱塘江观潮

钱塘江，古称“浙江”“折江”或“之江”，是浙江省最大的河流，古代吴越文化的主要发源地之一，浙江之名即来自于此。钱塘江潮汐现象明显，因一年一度的观潮胜景而闻名海内外。

苏轼曾前后四次在钱塘观潮，壮观的潮水激发了诗人的诗兴，每次观潮，都有名句流传：“海上涛头一线来，楼前指顾雪成堆。从今潮上君须上，更看银山二十回。”“横风吹雨入楼斜，壮观应须好句夸。雨过潮平江海碧，电光时掣紫金蛇。”“八月十八潮，壮观天下无。鲲鹏水击三千里，组练长驱十万夫。”

密州 半壕春水一城花

城市名片

名　　称　密州（今山东省诸城市）

美　　誉　“舜帝之都”“龙城”

位　　置　山东半岛东南、泰沂山脉与胶潍平原交界处

东坡线索　1074—1077 年任密州知州

东坡足迹　超然台、九仙山、马耳山

东坡诗文　《超然台记》《江城子 · 密州出猎》《水调歌头 · 明月几时有》《江城子 · 乙卯正月二十日夜记梦》《望江南 · 超然台作》

东坡生平

西望穆陵关，
东望琅邪台。
南望九仙山，
北望空飞埃。
相将叫虞舜，
遂欲归蓬莱。
嗟我二三子，
狂饮亦荒哉。

——《登常山绝顶广丽亭》（节选）

熙宁七年（1074），苏轼结束了杭州通判的职业生涯，动身前往密州（今山东诸城）担任知州。去密州本身是件让他开心的事，因为弟弟苏辙就在济南任职，他想在长久背井离乡的岁月里离亲人更近一些。

但事实上，在密州的生活充满了棘手的事，先是碰到了蝗灾，紧跟着是旱灾，之后苏辙又迁任别处。偏偏密州这个干燥、多风沙的地方没什么美食，让“吃货”苏轼更少了几分寄托。所以苏轼在密州最初过得并不舒心。但苏轼终归是苏轼，在无法改变的时候就选择接纳，所以有了“明月几时有，把酒问青天”，有了“老夫聊发少年狂，左牵黄，右擎苍”的开朗与豪迈。

中国龙城，舜帝故乡

苏轼曾任知州的密州，是今天的诸城，位于潍坊的南部，是《孟子》、《韩非子》、明代《职方皇明地图》、清朝《诸城县志》、近代《中国通史》等史料中记载的舜帝的故乡，它可考的历史长达7000多年，是中华文明源头之一的东夷文化的发祥地。苏轼在密州做官的时候，还在当地流传的舜帝生日，也就是农历六月十一日这天带着部下去密州北边的诸冯村（舜帝出生的地方）祭祀。

除了密州、诸城之外，它在秦汉时期还有另一个响当当的名字——琅琊。琅琊的辖区很大，除了诸城之外还包括现在的临沂、青岛、日照、连云港等地。琅琊诞生过三个庞大的家族——诸葛氏、王氏、颜氏，家族里名人辈出，像是诸葛亮、王羲之、王献之、颜之推、颜真卿等。就连诸葛这个姓氏，传说也是从诸城而来。

诸葛亮的先祖葛婴，是秦末农民起义军陈胜义军的将领之一。汉朝灭秦建国，汉文帝追念葛婴抗秦的功劳，特地封了他的孙辈做了诸县（现在的诸城西南）的王侯，祖祖辈辈都在这块封地上生活。葛氏的子孙为了感谢汉文帝，就将封地和自家的姓氏合在一起，变成了诸葛氏。

但龙城这个名字既和舜帝无关，也和琅琊有名的氏族无关，更和上古神话中的龙没有一点儿关系。之所以有这个别称，完全是因为诸城从20世纪60年代起就不断发掘出恐龙化石，先后共发现25000多块恐龙化石，恐龙种类至少三种，包括巨大诸城龙（鸭嘴恐龙）、巨型诸城暴龙、诸城中国角龙，其中巨大诸城龙是世界最大的鸭嘴龙化石骨架。

诸城市恐龙博物馆中展出的恐龙化石

然而诸城最出名的还是和苏轼有关，是他在上任期间那阕词“明月几时有，把酒问青天，不知天上宫阙，今夕是何年……人有悲欢离合，月有阴晴圆缺，此事古难全，但愿人长久，千里共婵娟”，把诸城从一个默默无闻的北方小城变成了审美上的绝唱。从此千千万万个中秋月圆的夜晚，人们都会念起这阕词，传诵从千年密州传来的思念之情。

诸城大舜庙

千古兄弟情

1074 年，苏轼离任杭州前往密州任职，本来计划绕道前往济南探望弟弟和刚出生的侄子，但因路上耽搁时间过多且青河冰冻停航作罢。秋天，京东河北发生蝗灾，苏轼被派督导各县捕蝗，奔波劳累的他一心只想逃归乡里去读书。心事无人诉说，于是作《捕蝗至浮云岭，山行疲苶，有怀子由弟二首》。

苏轼：
霜风渐欲作重阳，熠熠溪边野菊黄。
久废山行疲荦确，尚能村醉舞淋浪。
独眠林下梦魂好，回首人间忧患长。
杀马毁车从此逝，子来何处问行藏。

1076年中秋夜，苏轼与好友在超然台饮酒，通宵达旦，好不热闹。
苏轼思念远在济南的弟弟苏辙，作传唱千年的《水调歌头·明月几时有》一阕。

五莲九仙山情侣峰之上旭日初升，霞光万丈。

九仙山：碧连天，晚云间

九仙山位于现在的日照市五莲县，而五莲县从秦汉时期就属于密州，1992 年才划归日照市，所以九仙山在宋朝一直是密州辖区内的一处名胜。

苏轼在密州任职期间多次登顶九仙山，还在这里写下了“困眠一榻香凝帐，梦绕千岩冷逼身。夜半老僧呼客起，云峰缺处涌冰轮”的名句。不知道他相不相信这里曾经出过神仙的传说，可以肯定的是，他非常喜欢九仙山的风景，甚至在九仙山修建了一座白鹤楼用来观景。只是白鹤楼毁于一场地震，现在只能在九仙山万寿峰脚下的丁家楼子村看到一块巨石，上面刻着“白鹤楼”三个字，落款为“宋熙宁九年苏轼书于石东”“明万历四十年丁耀斗摹此”。

九仙山主峰海拔 697 米，总面积 55 平方千米，每年的春夏开着漫山遍野的杜鹃花，秋天时有红色枫叶染红了群山。如果足够幸运，在冷暖气流交汇的时候登顶，就能看到奔涌、流动的云海，山峰在云海中若隐若现，九仙山真的有了仙境的美和神秘。

除了风景，九仙山还有山东最长的漂流路线：龙潭大峡谷漂流，它全长 2600 米，落差 70 米左右，沿途有激流勇进的刺激，也有山峰回转的惊险。漂流的水道并不是龙潭大峡谷唯一的水景，这里有十六潭、十八瀑布，从幽远小路到山崖绝壁，时有洞窟、泉水、瀑布，形成了“地中潭、地中瀑”的奇妙景观，被人们称为“齐鲁第一大峡谷”。

尤其是位于大峡谷上游的毛家河瀑布，被称为“雪练飞瀑”，河水从百米高的崖壁上飞奔跌宕而落，直径30米，白色的水花密密相交，织成了一条银色的绸缎，又像极了李白笔下的庐山瀑布“疑是银河落九天”。

九仙山还以奇山怪石闻名，有酷似古人靴子的靴石，传说八仙过海路过这里，携手山神治理干旱、荒芜的山脊，铁拐李用自己的靴子从崂山盛来了干净的泉水，山神用柳枝蘸水洒满山峰，从此这里绿树成荫、泉水潺潺。八仙走后，这只靴子留在这里化成一块石头守护山野；还有远看像一位僧人盘坐诵经的万寿峰，以及如猿猴伸长脖子呼啸的朝天猴。

山水相映，怕是最被苏轼偏爱，因为他的故乡就是这般藏在山水之间。但偏爱九仙山的不止苏轼，被残害的孙膑心灰意冷后归隐九仙山，并在这里留下了传世兵书《孙膑兵法》；明朝御史丁惟宁辞官后在九仙山隐居，他的儿子为了纪念父亲建造了如今的丁家楼子村；清末民初的国画大师马兆麟也是在九仙山度过了晚年。仙山不见仙，倒是聚集了许多人间神圣。

九仙山云海缥缈

九仙山的云海景观，景色迷人宛如画卷。

九仙山中流淌的溪涧瀑布

超然台：千里共婵娟

超然台在诸城西北城墙上，它原本建于北魏时期，苏轼在这里任职的时候那里已经是一座废弃的土台。苏轼将它稍加修葺，在上面建了几间简单的房屋，就成了他平时会客、和朋友畅谈、登高远眺的地方。

土台修完之后，苏轼写信给苏辙，问他应该取个什么名字。苏辙用了老子《道德经》中的一句话回说："虽有荣观，燕处超然。"大意是尽管身处繁荣世界，也不要被功名利禄所劳累，不依赖外物的得失，一切要遵从人性与自然。

苏轼从官以来经历挫折，心中的理想一次次被现实击倒，年轻时很难接受，人到中年时才有了坦然面对的心境，苏辙"超然"二字击中了苏轼的灵魂，他内心超然物外，"无往而不乐"的境界得到了弟弟的认可和呼应。

人有悲欢离合，月有阴晴圆缺。

《水调歌头·明月几时有》苏轼

超然台修成之后，苏轼邀请许多全国知名的文人墨客来这里登高，比如苏辙、文同、张耒、鲜于侁等，又让他们每人都留下文章，这个举动让超然台在全国有了名望，密州也不再是那个无名的小城。

苏轼自然也不例外，他在超然台留下的每一个字都是千古绝唱：

但愿人长久，千里共婵娟。

休对故人思故国，且将新火试新茶。诗酒趁年华。

无所往而不乐者，盖游于物之外也。

前瞻马耳九仙山。碧连天，晚云间。城上高台，真个是超然。

◆东坡逸事◆

梦中忆亡妻

熙宁八年（1075），苏轼已在密州近一年的光景，每日政务缠身。一晚，他梦到了去世十年的妻子王弗。梦里妻子年轻依旧，但自己已是个满鬓风霜的中年人。醒来后他提笔写下了《江城子·乙卯正月二十日夜记梦》：

十年生死两茫茫。不思量，自难忘。千里孤坟，无处话凄凉。纵使相逢应不识，尘满面，鬓如霜。

夜来幽梦忽还乡。小轩窗，正梳妆。相顾无言，惟有泪千行。料得年年肠断处，明月夜，短松冈。

可惜的是，超然台早在动荡不堪的历史河流中成为废墟，今天的超然台是于 1995 年在原址上重新建造和扩大的。台高 10.74 米，宽 28 米，建筑面积 7000 多平方米，分成了超然台和苏东坡纪念馆两个景点。

沿着台东城墙拾级而上，是苏轼当年“把酒问青天”的超然台。台上四周被垛口包围，不远处是慕贤亭，里面有苏轼整篇的《超然台记》的碑刻。

苏东坡纪念馆里陈列着超然台曾经的部分石刻，它们都是修葺之后，许多文人墨客来超然台观光时留下的墨宝；还有苏轼在密州出猎时“老夫聊发少年狂，左牵黄，右擎苍”的情景画卷。

今天的超然台并没有旖旎风光，但站在高处望向诸城的高楼大厦时，依旧会产生一种共鸣，好像一轮婵娟不仅能千里与共，似乎千年也可共婵娟。

徐州

隋堤三月水溶溶

城市名片

名　称　徐州（今江苏省徐州市）
美　誉　“天府之州”“五省通衢”“北国锁钥，南国门户”
位　置　华北平原东南部，江苏省西北部，苏、鲁、豫、皖四省交界处
东坡线索　1077—1079 年任徐州知州
东坡足迹　黄楼、燕子楼、云龙山、放鹤亭
东坡诗文　《放鹤亭记》《浣溪沙 · 簌簌衣巾落枣花》等

东坡生平

（河）汇于城下，涨不时泄，城将败，富民争出避水。轼曰：“富民出，民皆动摇，吾谁与守？吾在是，水决不能败城。”驱使复入。……卒长曰：“太守犹不避涂潦，吾侪小人，当效命。”……雨日夜不止，城不沈者三版。轼庐于其上，过家不入，使官吏分堵以守，卒全其城。

——《宋史 · 苏轼传》

熙宁十年（1077）四月至元丰二年（1079）三月，苏轼调任徐州知州。此时苏轼 42 岁，正处于盛年，事业正值鼎盛，文坛正负盛名，可谓“三盛”。苏轼主政徐州期间，正是徐州历史上的多事之秋，四月到任，七月就遇上黄河决堤，次年又遭旱灾，且常年冬季柴薪奇缺。苏轼带领百姓抗击洪水、修筑苏堤、盖成黄楼、祈雨于民、兴建水库、发展冶铁，深受军民爱戴。林语堂将苏轼的这一阶段人生概括为“黄楼时期”，并给予了极高评价：“此后，一个充实、完满、练达、活跃、忠贞的苏东坡出现了，这才是我们所知道、百姓所爱戴的苏东坡，也是温和诙谐、百姓的友人兼战士的苏东坡——一个具有伟大人格的伟大人物。”

彭祖楼是为了纪念彭祖而修建的，原位于徐州城东北隅，现重建于徐州淮海文博园内。

徐州：南北襟要，五省通衢

徐州简称“徐”，古代也称“彭城”，位于华北平原东南部，是江苏省第二大城市，也是江苏省的北大门。有着4000多年悠久历史的徐州，是华夏文明中心之一、华夏九州之一，也是两汉文化的发源地、中国佛教的发源地，更被誉为“千年帝都”。蚩尤、黄帝都曾在此活跃过，彭国、徐国、宋国、楚国都曾把徐州定为国都。有一种说法叫“九朝帝王徐州籍”，这是因为汉高祖刘邦、南唐烈祖李昪、南朝宋武帝刘裕、后梁太祖朱温的故里都是徐州。

徐州在古代之所以被称作彭城，是因为彭祖。彭祖是黄帝的后裔，也是古代极为罕见的老寿星，传说活了800多岁。在尧帝时期，彭祖建立了大彭国，彭城由此得名。秦汉争霸之际，西楚霸王项羽也曾建都彭城，刘邦建立汉王朝以后，彭城又成为诸侯王的重要封国。到了东汉末年，曹操迁徐州刺史治所于彭城，徐州由此得名。

徐州一向被誉为“北国锁钥，南国门户”，因其“东襟黄海、西接中原、南屏江淮、北扼齐鲁”，地理位置极为优越。所谓“五省通衢”，是指徐州在历史上可以通过黄河与京杭运河漕运沟通江苏、山东、河南、安徽、河北五省，因此成为沟通南北的水陆交通枢纽。在古代，相比于陆路的耗时费力，水路运输尤其是大宗物资的运输更快捷方便、省时省力，是当时的主要运输方式。徐州是汴水与泗水汇流相交之地，自然成为漕运的枢纽和周边各省区地方物资的集散中心。

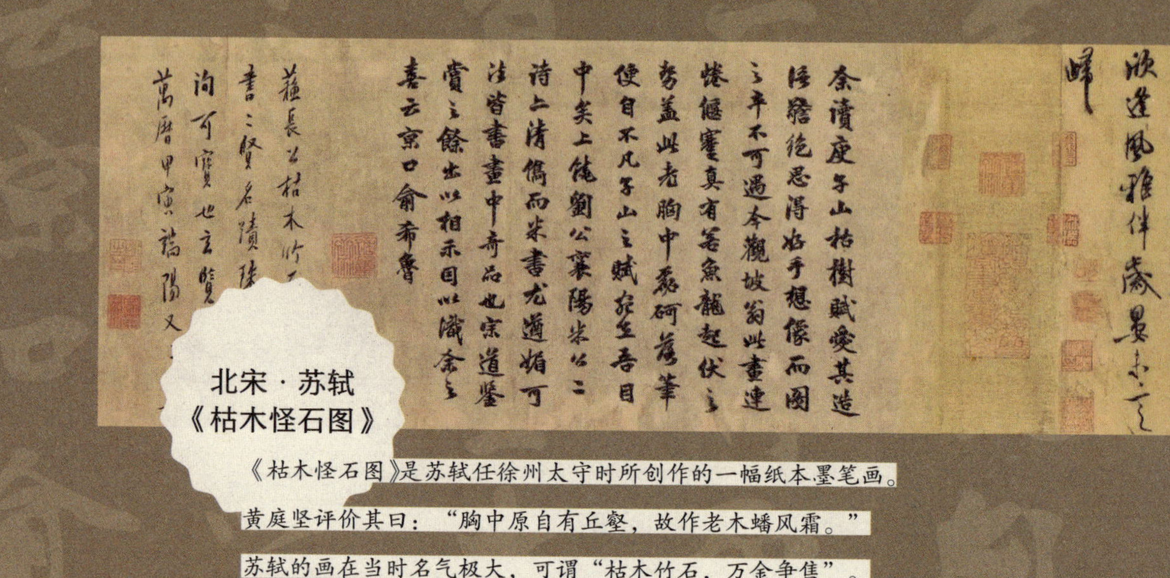

北宋·苏轼《枯木怪石图》

《枯木怪石图》是苏轼任徐州太守时所创作的一幅纸本墨笔画。黄庭坚评价其曰：“胸中原自有丘壑，故作老木蟠风霜。”苏轼的画在当时名气极大，可谓“枯木竹石，万金争售”。

元朝至元三十年（1293），京杭运河全线开通以后，徐州更成为连接南北的水运要冲，成为华东地区五省联系的纽带，更有了“五省咽喉”之称。

“秦唐看西安、明清看北京、两汉看徐州”，在两汉400多年的发展历史中，徐州共有13位楚王、5位彭城王。在千年的历史风雨中，大量的文化遗产、名胜古迹被保留下来，其中以汉兵马俑、汉墓、汉画像石这“汉代三绝”为代表的两汉文化最为夺目，这是辉煌灿烂的汉文化留给徐州的宝贵财富。

“佳处未易识，当有来者知”，戏马台、泗水亭、霸王楼、歌风台、拔剑泉、子房祠、王陵母墓等都是徐州两汉文化景观著名的历史胜迹，每一处都有一段动人的故事传说，使人联想到楚汉战争的硝烟风云。戏马台的高台秋风，可使你领略西楚霸王项羽“力拔山兮气盖世”的霸王雄风；歌风台的大风歌古碑，能让你感受到汉高祖刘邦“大风起兮云飞扬”的千古绝唱；子房祠的晨钟暮鼓，会令你对“张良吹箫散楚兵”的传说浮想联翩。所有这些，都为徐州的两汉文化平添了几分神秘的色彩。

徐州自古为兵家必争之地，古人评其“彭城之得失，辄关南北之盛衰”，近代民主革命家也认为“南不

得此，无以图冀东，北不得此，无以窥江东。是胜负转战之地”。苏轼曾在《徐州上皇帝书》中言：“徐州为南北之襟要，而京东诸郡安危所寄也。”来到徐州掌一州政务，朝廷给了他展现政治才能的更大机会，而他也抓住这个机会，勤政爱民，功绩卓著。当从徐州前往下任治所时，徐州百姓倾城而出，送行队伍从府衙绵延至码头。苏轼共写了《罢徐州往南京、马上走笔寄子由五首》《江神子·恨别》《减字木兰花·彭门留别》《留别叔通、元弼、坦夫》《灵壁张氏园亭记》等9首告别诗词，对徐州风物人情的无限留恋，流诸笔端，其中《江神子·恨别》一词更是成为千古名篇：

天涯流落思无穷。既相逢。却匆匆。携手佳人、和泪折残红。为问东风余几许？春纵在，与谁同！

隋堤三月水溶溶。背归鸿。去吴中。回首彭城、清泗与淮通。寄我相思千点泪，流不到，楚江东。

戏马台项羽雕像

云龙湖春日

云龙山水与放鹤亭

位于徐州西南的云龙湖玉缀珠联，风物如画。云龙湖西连韩山，东依云龙山，水面面积 6.76 平方千米，周长约 12 千米。一条玉带般的湖中路把湖面分成东西两湖，石桥联通，垂柳两岸，草坪似毯；环湖路依山顺堤，宽阔平坦，环绕一湖碧水。三面青山，叠翠连绵，一湖波光，尽收眼底，令人胸襟豁然、心旷神怡。沿湖而行，绿草如茵，三春桃红柳绿，仲夏荷花比艳，深秋枫叶如火，严冬青松傲雪，东岸夏景，西岸秋景，北岸冬景。四时风光鲜明，各自异彩纷呈。

云龙山东依凤凰山，西傍云龙湖，南邻泉山，昂首向东北，曳尾与西南，因山有云气，蜿蜒起伏，状似神龙而得名。《江南通志》记载：“云龙山，宋武微时憩息于此，有云龙旋绕之。”云龙山高 142 米，站在观景台上鸟瞰，可将徐州名城风貌一览无余。观景台依山就势，造型古朴端庄，气势雄伟。登台临栏远眺，美景尽收眼底。“春夏之交，草木际天；秋冬雪月，千里一色；风雨晦明之间，俯仰百变”(《放鹤亭记》)，四时之景变幻无穷。云龙山上有座云龙书院，位于山西麓，在清代享有盛誉。云龙书院依山而建，规模宏大，气势恢宏。院内建有讲堂、文昌阁、宜福堂、紫翠轩、四贤祠、三官庙、白鹿洞、望湖亭等。

云龙山上文物古迹众多，留有北魏时期的大石佛，唐宋摩崖石刻，宋代的放鹤亭、招鹤亭、饮鹤泉、张山我独不愿万户侯，惟愿一识苏徐州。

《别子瞻》秦观

人旧居，明代的兴化禅寺，清代的大士岩、山西会馆、御碑亭、碑廊等。苏轼常携友登临云龙山赏景凭吊，饮酒赋诗，并结识了结庐在山中的隐士张天骥，互有许多诗词唱和。

元丰元年（1078）九月初九，黄楼诗会过后，苏轼同王巩、张天骥等好友趁酒兴游云龙山，中途路过黄茅冈，不胜酒力，醉卧石板上休息。路人见到，忍俊不禁，大笑说“太守发狂了”。苏轼信笔挥洒，将此事记于诗中，留下一个醉态可掬的太守形象：“醉中走上黄茅冈，满冈乱石如群羊。冈头醉倒石作床，仰看白云天茫茫。歌声落谷秋风长，路人举首东南望，拍手大笑使君狂。”（《登云龙山》）于是，本不起眼的乱石岗变成了名胜，后世不断有喜爱苏轼的人们前来踏访东坡石床，可谓“满丘乱石也平平，一醉坡仙便著名”。今天来到云龙山，仍能见到“如群羊”的乱石，择一方又大又平的石板做床，以天为盖地为庐，小憩片刻，半梦半醒间，仿佛有近千年前太守洒脱的大笑声传来。

苏公塔下盛开的杏花

位于云龙山西侧云龙湖东岸金山上的苏公塔原名金山塔，于1980年为了纪念苏轼而建。

提起徐州云龙山，定会联想到千古名文《放鹤亭记》。张天骥自号“云龙山人”，作亭于山间，养有二鹤，甚驯而善飞，每日清晨在亭前放飞，日暮归来，亭子因此得名“放鹤亭”。苏轼与张山人志趣相投，“惯与先生为酒伴，不嫌刺史亦颜开”（《游张山人园》），常于亭中饮酒为乐，遂为之作记，题写了《放鹤亭记》。“鹤飞去兮西山之缺，高翔而下览兮择所适。”文章疏旷爽然，气势纵横，使放鹤亭名传古今。此后九百多年时间，放鹤亭屡坍屡建，世代留传。如今的放鹤亭建于 1934 年，整体砖木结构，歇山飞檐，周有柱廊环绕。放鹤亭旁还有饮鹤泉、招鹤亭，亭泉相依，古朴幽雅。

云龙湖东岸、云龙山西麓，杏花绵延数里，每至春日，春雨如酥，杏花如雪，清香流溢，满目芳华。青山碧湖相映，杏花春雨江南，重现“云龙山下试春衣，放鹤亭前送落辉。一色杏花三十里，新郎君去马如飞”（《送蜀人张师厚赴殿试二首·其二》）的诗境。白日游山玩水，夜宿杏花村，学苏轼“花间置酒清香发，争挽长条落香雪”（《月夜与客饮酒杏花下》）。暮春之夜，在炯如流水的月光之下踏着花影，花下对月，邀月共饮，该是何等惬意。

千古兄弟情

熙宁十年（1077），苏轼留弟弟在徐州同度中秋，苏轼特地邀了许多朋友，设乐置酒，同游百步洪，以当送别。夜已很深，兄弟二人同坐观月，不愿就寝。想起当年在怀远驿读书的时候，二人方二十出头，如今兄弟俩历经忧患，都已白头了。

黄楼：黄楼明月，长留太守清风

矗立在黄河故道旁的黄楼，是徐州五大名楼之一。黄楼始建于北宋，熙宁十年（1077）秋天，黄河决堤，洪水咆哮而下，徐州城南的清河水位暴涨，又正逢徐州连日暴雨，日夜不止，没被淹没的城墙仅余三版。如果城墙失守，城内的数十万百姓都要遭受灭顶之灾。苏轼临危不惧，大声疾呼："吾在是，水决不能败城。"他当机立断，亲赴军营，动员禁军参加抗洪，率领民众拿着畚箕、铁锹齐心协力筑堤护城，"以身帅之，与城存亡"，住在城墙之上，"过家不入"，以示与徐州城共存亡的决心。经过 45 天的奋战，洪水终于退去，徐州城转危为安。宋神宗对此大加赞赏，颁旨奖谕徐州官民。

洪水虽退，但苏轼并没有就此懈怠，为防患于未然，他奏请朝廷拨款，提出"筑堤防水，利在百世"的主张，加固城墙，筑堤护岸，以防洪水再袭。为纪念抗洪胜利，鼓舞民众斗志，苏轼于城东门兴建了一座高楼，涂上黄土，依照五行之说，黄色为土，土克水，因此名之为"黄楼"。黄楼于重阳佳节竣工落成，苏轼广邀名士，登楼吟诗，史称"黄楼诗会"。苏轼亲自题写了匾额，并将苏辙所作《黄楼赋》刻碑立于楼中。"初成百尺之楼，适及重阳之会，高高下下，既休畚锸之劳；岁岁年年，共睹茱萸之美。恭惟知府

俯瞰黄楼公园

学士，民人所恃，忧乐以时。度余力而取美材，因备灾而成胜事。起东郊之壮观，破西楚之淫名，宾客如云，来四方之豪杰；鼓钟殷地，竦万目之观瞻。实与徐民，长为佳话。”黄楼自此名扬天下。

宋崇宁年间，朝廷下旨将苏轼、苏辙等列为奸党，宋徽宗下旨：“应天下碑碣榜额，系东坡书撰者，并一例除毁。”徐州官民不忍毁坏黄楼，将其暂时易名为“观风楼”，碑石藏在护城河中。后因一知州想要借拓印牟利，砸碎了碑石。金代时徐州士民根据拓片重新摹刻了黄楼赋碑，后经历了风雨侵蚀、战争破坏、散失民间、搜寻补刻等诸多坎坷。黄楼也在历代几经损毁，又屡屡重修。

20 世纪 80 年代，黄楼重建于黄河故道畔，黄琉璃瓦覆顶，双层飞檐雕栏，歇山抱厦，巍然屹立。昔日穿城而过的故黄河，如今已被修建成带状的公园，成为人们的日常休闲之所。而黄楼之上的楹联，仍记载着北宋旧事，流淌着殷殷之情：

碧水柔波，不尽黎民厚意；

黄楼明月，长留太守清风。

黄楼公园内的镇河牛

黄楼公园内的五省通衢牌坊

湖州 我从山水窟中来

城市名片

名　称　湖州（今浙江省湖州市）
美　誉　“丝绸之府”“鱼米之乡”“文化之邦”
位　置　长三角中心区域，杭州、上海、南京三大城市的共同腹地
东坡线索　1079年任湖州知州
东坡足迹　道场山、何山、飞英塔、墨妙亭等
东坡诗文　《湖州谢上表》《墨妙亭记》《文与可画筼筜谷偃竹记》等

东坡生平

臣轼言：蒙恩就移前件差遣，已于今月二十日到任上讫者。风俗阜安，在东南号为无事；山水清远，本朝廷所以优贤……知其愚不适时，难以追陪新进；察其老不生事，或能牧养小民。而臣顷在钱塘，乐其风土。鱼鸟之性，既自得于江湖；吴越之人，亦安臣之教令。

——《湖州谢上表》

湖州是苏轼人生的转折点。元丰二年（1079）四月，满怀向往的苏轼来到自己心目中“风俗阜安”“山水清远”的湖州任知州，仅仅两个多月，“乌台诗案”爆发，《湖州谢上表》中“知其愚不适时，难以追陪新进；察其老不生事，或能牧养小民”的牢骚话语在小人的刻意构陷下变成了不满新法、愚弄朝廷、妄自尊大、包藏祸心的铁证。苏轼在毫无心理准备的情况下，突遭横祸。御史台吏以十分强硬的态度将苏轼由湖州押解进京，“二台卒夹侍，白衣青巾，顾盼狰狞，人心汹汹不可测”“即时出城登舟，郡人送者雨泣。顷刻之间，拉一太守如驱犬鸡”。这一事件如同一道分水岭，作为朝臣的苏轼险些丧命，而作为文人的苏轼得以新生。

元·赵原《陆羽烹茶图》

南浔古镇

湖州：行遍江南清丽地，人生只合住湖州

湖州市位于浙江省北部，北滨太湖，西倚天目山，地处长三角中心区域，距杭州 75 千米、上海 130 千米、南京 220 千米，是杭州、上海、南京三大城市的共同腹地，连接着长三角南北两翼和东中部地区，地理位置优越，交通便利。湖州有着 100 万年人类活动史、2300 多年建城史，人文荟萃。发现于湖州市长兴县泗安镇白莲村的七里亭遗址是东南沿海地区最早的古人类文化遗存，也是全国旧石器时代早期遗址中为数不多的超过百万年的遗址之一，它把湖州先民劳动、生息的历史提前到了 100 万年前。据《湖州府志》记载，湖州城由“楚春申君黄歇所筑”，楚考烈王十五年（前 248），春申君黄歇徙封于此，在此筑城，始置菰城县，以泽多菰草故名。秦灭楚后，因此地有乌巾、程林二氏善酿酒，取乌、程两字之名，改“菰城”为“乌程”。隋仁寿二年（602），置州治，以滨太湖而名湖州，湖州之名从此始。

湖州属于亚热带季风气候，气温适中，四季分明，光照充足，雨量丰沛，适宜粮油作物、蔬菜瓜果、蚕桑茶叶、水产畜牧等的种植和发展，是浙江省乃至全国的重要粮食产区。其中，菱湖镇是全国三大淡水鱼养殖基地之一，安吉县居全国十大“毛竹之乡”之首。“苏湖熟，天下足”的谚语自宋代起便广为流传。湖州稻米通过京杭大运河，源源不断地贡输京师数百年，是名副其实的“国之仓廪”。

湖州历史文化底蕴深厚，是丝之源、笔之源、酒之源、茶之源，素有“丝绸之府、鱼米之乡、文化之邦”的美誉。钱山漾遗址发掘出的绸片和丝带距今有4000多年的历史，是迄今为止长江流域发现最早的丝绸产品，证明了当时的先民已经开始养蚕缫丝，钱山漾遗址也被称作“世界丝绸之源”。湖州桑蚕业繁盛，名满天下，“无不桑之地，无不蚕之家”。辑里湖丝具有“细、圆、匀、坚、白、净、柔、韧”八大特点，一根湖丝能穿起八枚铜钱，比一般土丝多挂两枚铜钱而不断。宋代时“湖丝遍天下”，明清两代帝后的龙袍凤衣皆钦定用湖丝织造。近代时湖丝开创了中外贸易的先河。“湖州出笔，工遍海内，制笔者皆湖人。”“文房四宝”之首的湖笔发源于湖州，有“笔中之冠”的美誉，湖州制笔的历史可以追溯到两千多年前。湖州酿造业久负盛名，“乌程”一名的得来即与酿酒相关。茶圣陆羽在隐居湖州期间完成了世界第一部茶百科全书《茶经》。长兴顾渚山曾建有中国历史上第一座贡茶院，是陆羽进行茶事活动的主要场所。

湖州崇文重教，人才辈出。唐宋以来，湖州共出状元19人、进士1500多人。三国时期著名画家曹不兴、唐代大诗人孟郊、元代书画家赵孟頫、近现代书画大师吴昌硕、近现代学者兼书法家沈尹默等都是湖州人，王羲之、颜真卿、苏轼等大名鼎鼎的文学家、书画家也曾在湖州任职或生活，真可谓“中国书画史，半部在湖州”。

莫干山

莫干山的竹海之中依稀可见历史建筑——别墅群的身影。

北宋·苏轼《潇湘竹石图》

卷末题有"轼为莘老作"，林语堂在《苏东坡传》中称孙莘老为"东坡密友""毕生的友人"。

湖州，"一湖滨城，两溪交汇，三省通衢，四水环绕"，钟灵毓秀。太湖烟波浩渺，莫干山山色清远，登飞英塔观千荷竞放，游南浔古镇赏丹桂飘香。宋末元初诗人戴表元曾写诗赞曰："山从天目成群出，水傍太湖分港流。行遍江南清丽地，人生只合住湖州。"

苏轼曾四度造访湖州。第一次是在宋神宗熙宁五年（1072）年冬，苏轼当时通判杭州，受江南转运司差遣，赴湖相度堤岸利害，帮助治理水患。第二次在熙宁七年（1074）九月，苏轼离开杭州前往密州时路过湖州，与当时的湖州知州李常、诗人张先等六人相会聚宴，称"六客会"。第三次是元丰二年（1079）四月，苏轼以"尚书祠部员外郎直史馆权知湖州军州事"的职位调为湖州知州，颇有政绩，但任职未满三个月就因"乌台诗案"而被押解送京。第四次为宋哲宗元祐四年（1089），苏轼在杭州知州任上再次到访湖州。

第一次造访湖州前，苏轼就已表露出对湖州的向往之情。当时任湖州

湖笔

知州的是黄庭坚的岳父、苏轼的至交好友孙觉，常与苏轼饮酒唱和。苏轼出发之前写了数篇诗文相寄，其中有《将之湖州戏赠莘老》（孙觉字莘老）：

“余杭自是山水窟，仄闻吴兴更清绝。
湖中橘林新著霜，溪上苕花正浮雪。
顾渚茶牙白于齿，梅溪木瓜红胜颊。
吴儿鲙缕薄欲飞，未去先说馋涎垂。
亦知谢公到郡久，应怪杜牧寻春迟。
鬓丝只好封禅榻，湖亭不用张水嬉。”

这首诗更像是一张菜单，苏轼对湖州的特产如数家珍：湖州柑橘、顾渚紫笋茶、梅溪木瓜、太湖三宝，只是嘴上谈谈，就已垂涎欲滴。因此，七年后接到湖州知州的调令，苏轼欣喜而又满足。

湖州一日游：环城三十里，处处皆佳绝

湖州山川灵秀，来到湖州仅三个月，苏轼便创作了七十多篇诗文歌赋，“肩舆任所适，遇胜辄留连”（《端午遍游诸寺得禅字》），过足了山水之瘾。我们不妨跟着苏轼的路线，且吟且行，来一场湖州的穿越之旅。

位于湖州城南的道场山，旧名“云峰”，是天目山的余脉，面积约 8 平方千米，最高峰海拔 210.7 米。《湖州府志》载，其山“峰峦秀郁，水石森爽，殊为吴兴佳绝，古今游览者皆萃焉”，“道场晓霁”被列为“吴兴八景”之首。道场山自唐代起，就是江南著名的佛教圣地，传说如讷禅师在此开山。唐中和年间（881—884），如讷禅师辞师出行，师父嘱咐说“逢道即止”，如讷经过此山，询问其名，周围的百姓回答“道场山，故多虎”。如讷禅师因此上山结庵居之，有虎伏其侧，三宿无所伤，故世称如讷禅师为伏虎禅师。伏虎禅师营建寺宇，学徒四至，广阐法化，寺院经过多年建设，规模逐渐增大，宋元丰三年（1080）改赐名“护圣万寿禅寺”，南宋时御定全国禅寺最高等级为“五山十刹”，万寿禅寺名列十刹第二。万寿禅寺千年来经历战火、焚烧等，数次损毁又数次重建，虽不复昔时的壮丽宏大，但仍保持着一份清净自然。

“道场山顶何山麓，上彻云峰下幽谷。我从山水窟中来，尚爱此山看不足。陂湖行尽白漫漫，青山忽作龙蛇盘。山高无风松自响，误认石齿号惊湍。山僧不放山泉出，屋底清池照瑶席。阶前合抱香入云，月里仙人亲手植。出山回望翠云鬟，碧瓦朱栏缥缈间。白水田头问行路，小溪深处是何山……”（《游道场山何山》）漫步道场山，上彻云峰，下临幽谷，陂湖茫无际涯，山路如龙蛇盘踞，青松无风自响，让人误以为是湍流之声。山僧悠然自得，山泉澄澈如镜，合抱花树香气入云，如月中仙人所植。出山后回首远望，翠色弥漫，隐约透露出碧瓦朱栏。“从山水窟中来”的苏轼也不禁为山色倾倒，赞叹“看不足”。苏辙

道场山与万寿寺

也作了一首《次韵子瞻游道场山何山》与兄长唱和：“山深下视云漫漫，径垂石底千屈盘”，“堂中白佛青髻鬟，气象冲淡非人间。”此后，历代文人墨客登临道场山，据史载有宋、元、明、清诗人60余名为道场山作诗，赞美山川之美与古刹雄姿。从山脚到万寿寺庙门口的古道石径，每隔一块石板即雕有形态各异、栩栩如生的荷花、荷叶、莲子等图案，因此被称为“莲花道”。在清幽的山林沿莲花道拾级而上，心中的杂念也随之层层剥落，让人得以回归自然，窥见本心。

飞英塔

飞英塔位于湖州市吴兴区塔下街，因“塔里塔”的独特结构闻名遐迩，是湖城三绝之一。据《吴兴志》记载，僧人云皎游历长安时，得僧伽大师所授的七粒舍利及阿育王饲虎画像，归来后建石塔藏之，“塔始中和四年（884），成于乾宁元年（894）”，精雕细刻，初名“上乘寺舍利石塔”，这便是飞英塔的内塔。后因传说有神光显现于塔顶，遂于北宋开宝年间（968—976），在石塔之外增建外塔以罩护之，形成别具一格的“塔里塔”。根据建造外塔的缘由，从佛家语“舍利飞轮，英光普现”之中取二字为塔名，更名为“飞英塔”。南宋绍兴二十年（1150），飞英塔遭受雷击，但“舍利无恙”，后又重建。元、明、清三代历经多次修缮，现存八面五层，残高14.55米，分段雕刻砌叠而成，基座刻“九山八海”，须弥座刻仰覆莲、缠枝花卉，束腰八边雕狮子群像，各层各面均雕有千佛造像和佛传故事造像，整座石塔有极高的艺术价值。外塔为七层八面砖木楼阁式塔，高55米，四层以下内壁中空，上三层设楼面，沿塔壁有悬挑式扶梯。沿楼梯盘旋而上，湖光山色尽收眼底。

“微雨止还作，小窗幽更妍。盆山不见日，草木自苍然。忽登最高塔，眼界穷大千。下峰照城郭，震泽浮云天。”（《端午遍游诸寺得禅字》）湖州任上的端午节，苏轼与秦观同游飞英塔。微雨蒙蒙时作时停，寺院小窗清幽妍丽，四面环山，如坐盆中，山多障日，不见天光，草色苍茫，自生自长。登上飞英塔，眼界忽然开阔，放眼大千世界，只见卞山与城郭相互映照，太湖烟波浩渺，浮天无岸。苏轼为湖州初夏的磅礴之景所震撼，慨叹曰："非至吴越，不见此景也！"多年后，赵孟頫登临时也留下了"梯飙直上几百尺，俯视层空鸟背过。千里湖山秋色净，万家烟火夕阳多"的名句。沧海桑田，岁月更迭，塔已不是当年的形貌，题咏的诗人也早已仙去，登临高塔，唯有浩渺的太湖水，依旧碧波万顷，悠悠无际。

来湖州游玩，哪个季节最合适？苏轼已然在诗中给出了答案——荷花盛开之时。"环城三十里，处处皆佳绝。蒲莲浩如海，时见舟一叶。"（《与王郎昆仲及儿子迈绕城观荷花登岘山亭晚入飞英寺分韵得月明星稀四首·其一》）"我行本无事，孤舟任斜横。中流自偃仰，适与风相迎。"（《与王郎昆仲及儿子迈绕城观荷花登岘山亭晚入飞英寺分韵得月明星稀四首·其二》）"窥船野鹤何曾下，见烛飞虫空自驯。绕郭荷花一千顷，谁知六月下塘春。"（《泛舟城南会者五人分韵赋诗得人皆苦炎字四首·其一》）碧水绕城郭，成片荷花盛绽，荷叶连绵如海，携三五友人，驾一叶小舟，与晚风相迎，荷塘深处水鸟倦飞，云水相映，夜色空明，心无挂碍，自在快活。也难

湖州夏日荷花盛开的景色

怪苏轼惦记着“便应筑室苕溪上，荷叶遮门水浸阶”（《泛舟城南会者五人分韵得人皆苦炎字四首·其二》），想要与荷花同住。

除了道场山、何山、飞英塔，湖州还有无数地方留有苏轼的足迹：法华山濯足而归，“谁云四万八千顷，渺渺东尽日所晒。归途十里尽风荷，清唱一声闻露薤”（《与胡祠部游法华山》）；半月泉一日游，“请得一日假，来游半月泉。何人施大手，擘破水中天”（《半月泉苏轼、曹辅、刘季孙、鲍朝懋、郑嘉会、苏固同游》）；骆驼桥夜泊赏渔，“今日骆驼桥下泊，恣看修网出银刀”（《赠孙莘老七绝》），湖州久雨不晴，率领百姓前往弁山黄龙洞祷晴，“往问下山龙，曷不安厥家”（《和孙同年卞山龙洞祷晴》）……诗人的诗意就在于，对万事万物都怀有一颗欣赏的心，即便是普通的小山村，也能成为值得吟赏的胜景：“竹篱茅屋趁溪斜，春入山村处处花。”（《山村五绝·其一》）

千古兄弟情

1079年，苏轼因“乌台诗案”下狱。苏轼与儿子苏迈约定平日只送蔬菜肉食，若送鱼则为死刑判决。苏迈因盘缠不够离京借钱，请朋友代为送饭，朋友不知父子约定，送去了一条熏鱼。苏轼看见熏鱼脸色骤变，给自己的弟弟写了两首诗，请狱卒梁成代为转交。

湖州特产：堪笑吴兴馋太守，一诗换得两尖团

新到任的苏轼对湖州十分满意，他在写给友人的书信中道："湖州江山风物，不类人间，加以事少睡足，真拙者之庆。"湖州物产丰富，百姓安居乐业，不讼不争，号称"无事"之邦。"吏民怜我懒，斗讼日已稀。能为无事饮，可作不夜归"（《与王郎昆仲及儿子迈绕城观荷花登岘山亭晚入飞英寺分韵得月明星稀四首·其四》），苏轼乐得清闲，在政务之余寄情山水，自嘲是个"懒"太守、"馋"太守，吃吃喝喝游游转转，为湖州特产倾情代言。来盘点一下经过太守认证的湖州美食好物吧！

到了湖州，正餐理应吃太湖蟹，饮吴兴酒。元丰二年（1079）五月，好友丁公默来看望苏轼，送来了螃蟹，苏轼见到如盘子一样大的螃蟹，大喜过望，写《丁公默送蝤蛑》一诗以记，戏称用一首诗换来了饕餮一餐："溪边石蟹小如钱，喜见轮囷赤玉盘。半壳含黄宜点酒，两螯斫雪劝加餐。蛮珍海错闻名久，怪雨醒风入座寒。堪笑吴兴馋太守，一诗换得两尖团。"蟹黄丰满适宜下酒，蟹螯雪白劝人添饭，怎么能不胃口大开？只吃蟹未免单调，还须小酌几杯才够尽兴。"乌程霜稻袭人香，酿作春风雪水光"（《赠孙莘老七绝·其六》），湖州水美稻香，酿出的乌程酒自然也绵柔甘洌，尾净余长，醉人心扉。若是要选一种酒带去拜访多年未见的至交好友，可以参考苏轼的选择——"今日扁舟去，白酒载乌程"。（《次韵答参寥》）

吃完大餐，不妨喝几杯茶水清清肠胃。湖州长兴顾渚山紫笋茶在唐代时因陆羽的推荐而被选为贡茶，制作工艺复杂，需用金沙泉水冲泡，芽叶细嫩，芽

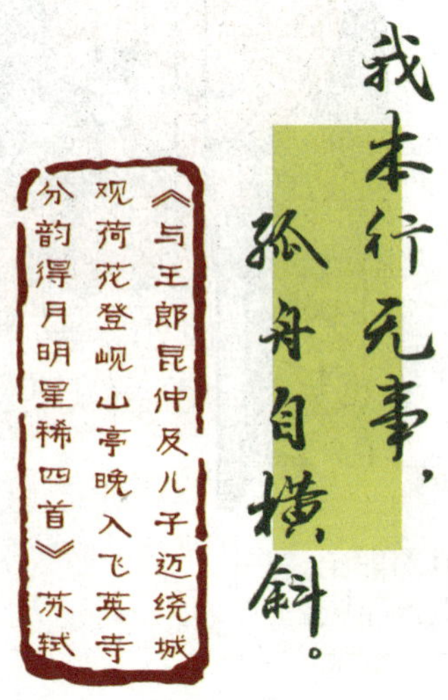

色带紫，芽形如笋，冲泡时香气馥郁，茶汁碧绿如茵，茶味甘洌醇厚。“顾渚茶牙白于齿”（《将之湖州戏赠莘老》）“千金买断顾渚春”（《送刘寺丞赴余姚》），茶汤入口，齿颊盈香，身心愉悦，千金不换。

喝完茶水，去竹林逛逛。湖州有万顷竹海，满目青翠，曲径通幽。苏轼爱竹，他有一位表兄文同，字与可，是当时著名的书画家，尤其擅长画墨竹，苏轼十分敬重他，称赞他诗、词、画、草书四绝。元丰二年（1079），文同在赴任湖州知州的路上病逝。苏轼后接任来到湖州，当年七月初七，苏轼按七夕的传统将书画拿出来晾晒，见到文同赠送的《筼筜谷偃竹》，睹物思人，“废卷而哭失声”，写下了《文与可画筼筜谷偃竹记》，阐述了文与可的绘画理念以作纪念。“故画竹，必先得成竹于胸中，执笔熟视，乃见其所欲画者，急起从之，振笔直遂，以追其所见，如兔起鹘落，少纵则逝矣。”“成竹在胸”“稍纵即逝”这两个我们如今经常使用的成语，就出自这篇文章。作为“湖州画派”的开创者和代表人物，苏轼文人画的理念对后世产生了深远影响。

北宋·文同《墨竹图》

逛饿了？那再来一顿新鲜肥美的湖鱼宴。湖州坐拥太湖，渔产丰富，“吴儿鲙缕薄欲飞，未去先说馋涎垂”（《将之湖州戏赠莘老》），买几条物美价廉刚刚捕捞上来的鲈鱼，片成轻薄的鱼片，厨师运刀如风，鱼片随刀似雪花飞落，鱼肉洁白如玉，鲜美异常，毫无腥味，直吃得人滚瓜肚圆还舍不得放下筷子。

吃也吃了，逛也逛了，心满意足悠悠闲闲散步回住处。城内万家灯火，月色浸水，一派空明。“夜桥灯火照溪明，欲放扁舟取次行。”（《赠孙莘老七绝》）此情此景，你是否也会如苏轼那般，突然涌起一股归隐之情？

黄州

一蓑烟雨任平生

城市名片

名　　称　黄州（今湖北省黄冈市黄州区）
美　　誉　“古名胜地，人文薮泽”“惟楚有才，吾黄冠楚”
位　　置　湖北省东部，大别山南麓，长江中游北岸
东坡线索　1080—1084 年贬居黄州，充黄州团练副使
东坡足迹　遗爱湖、东坡赤壁、雪堂、定惠院、安国寺青云塔
东坡诗文　《赤壁赋》《后赤壁赋》《念奴娇 · 赤壁怀古》《定风波 · 莫听穿林打叶声》《记承天寺夜游》

东坡生平

徙知湖州，上表以谢。又以事不便民者不敢言，以诗托讽，庶有补于国。御史李定、舒亶、何正臣摭其表语，并媒蘖所为诗以为讪谤，逮赴台狱，欲置之死，锻炼久之不决。神宗独怜之，以黄州团练副使安置。轼与田父野老相从溪山间，筑室于东坡，自号“东坡居士”。

——《宋史 · 苏轼传》

在御史台羁押审讯的 130 多天里，各方势力不断搏斗：御史李定、舒亶等网罗罪名；苏轼的好友张方平、范镇等设法营救；宋仁宗的皇后、当今的太皇太后也出面劝告皇上；苏辙奏请朝廷赦免兄长；已经致仕的旧日政敌王安石也上书神宗：“安有盛世而杀才士乎？”在上下内外的营救下，苏轼免得一死，责授黄州团练副使，本州安置，不得签书公事。

元丰三年（1080）正月初一，时年 44 岁的苏轼同长子苏迈踏上了前往黄州的漫漫长路。在黄州生活的 4 年多时间，苏轼完成了从苦闷彷徨、灰暗痛苦的戴罪之官到旷达洒脱、荷锄耕作的“东坡居士”的嬗变，走向了诗文和书法创作的巅峰。

黄州：长江绕郭知鱼美，好竹连山觉笋香

黄冈古称黄州，位于鄂豫皖赣四省交界，具有“承东启西、纵贯南北、得中独厚、通江达海”的优越地理位置。

黄州历史文化源远流长，有2000多年的建置历史，得“古名圣地，人文薮泽”之美誉。《史记·夏本纪》记载，夏商时代，禹“封皋陶之后于英、六”(即湖北英山、安徽六安一带)，黄州即属于皋陶后人的封地。春秋战国时，黄州处于吴楚相邻之地，有“吴头楚尾”之称，受吴越文化和荆楚文化的浸润，形成了独特的文化积淀。汉为江夏郡；三国时，位于吴国和魏国的交界地，分属魏弋阳郡和吴蕲春郡；南朝齐置齐安郡。唐为黄州，宋为黄州齐安郡，元为黄州路，明、清为黄州府。自隋唐以来，历代为州府所在地。

黄州依山傍水，集低山、丘陵、岗地、平原等多种地貌于一身，呈现“七山一水二分田”的地貌构造。巍巍大别山连绵境内数百里，茫茫长江奔腾不息浩荡东流，百湖千库星罗棋布。大江大山交织出恢宏壮阔的山水美景，也孕育了历朝历代的风流人物，如宋

黄冈山水

黄冈遗爱湖
三苏亭

代活字印刷术发明者毕昇、明代药圣李时珍、现代地质学家李四光、爱国学者闻一多等。黄州历代科举取士共中文科进士852人、举人3309人，明、清共中武科进士89人，“惟楚有才，吾黄冠楚”。

陆游《入蜀记》中言：“州最僻陋少事，杜牧之所谓‘平生睡足处，云梦泽南州’。然自牧之、王元之出守，又东坡先生、张文潜谪居，进为名邦。”与当时的中原地区相比，黄州远离京城，属偏远之地，而在江淮各地之间，黄州“最为穷僻”，因此成为历代流放官员的选择，唐代大诗人杜牧、北宋文学家王禹偁（字元之）、苏轼、苏门四学士之一张耒（字文潜）等先

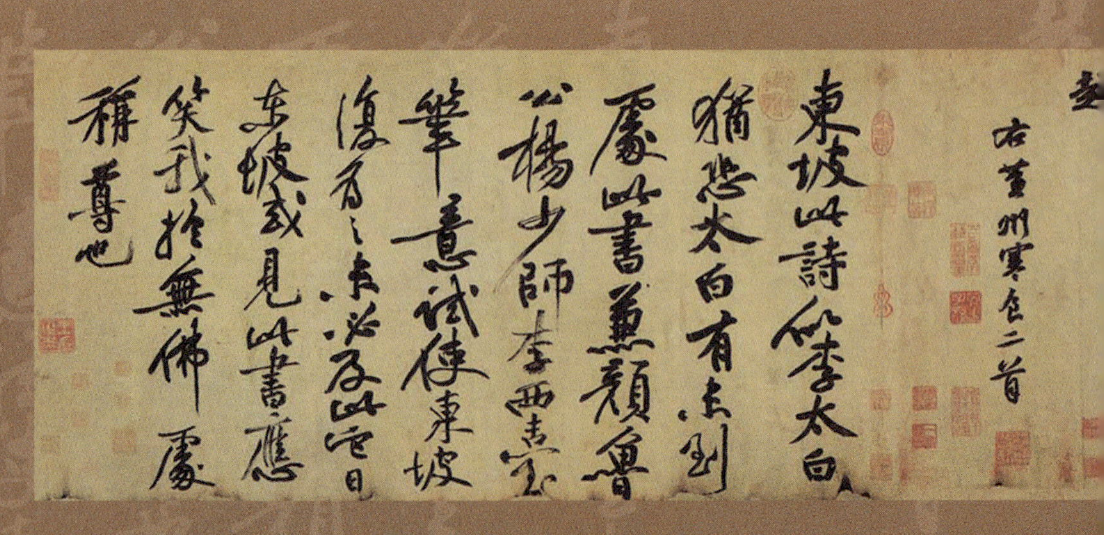

后谪居黄州，黄州用壮阔河山接纳了他们，他们则用文学和品性滋养黄州，在此留下了千年不朽的诗文。

从苏轼到苏东坡

初到黄州，苏轼父子借住在定惠院内，与寺内的僧人们同吃同住，自感重罪被贬，闭门谢客，不敢见人，因诗获罪，所以不作诗文，以免再惹事端。他在与朋友的信中写："某寓一僧舍，随僧蔬食，甚自幸也。感恩念咎之外，灰心杜口，不曾看谒人。所云出入，盖往村寺沐浴，及寻溪傍谷，钓鱼采药，聊以自娱耳。""文字与诗，皆不复作。""念以重罪废斥，不敢复自比数于士友间，但愧缩而已。""某谪居粗遣，废弃之人，每自嫌鄙，况于他人。"

从二十年前制科考试入第三等，一举成名，被视为未来的宰相人选，到如今获罪贬谪，一落千丈，仕途渺茫，前途难料，苏轼的内心苦闷而彷徨："缺月挂疏桐，漏断人初静。谁见幽人独往来？缥缈孤鸿影。惊起却回头，有恨无人省。拣尽寒枝不肯栖，寂寞沙洲冷。"（《卜算子·黄州定惠院寓居作》）直到元丰五年（1082），来到黄州的第三个年头，苏轼仍感到灰暗无力："君门深九重，坟墓在万里。也拟哭途穷，死灰吹不起。"（《寒食雨二首·其二》）

不仅政治上落魄，苏轼经济上也

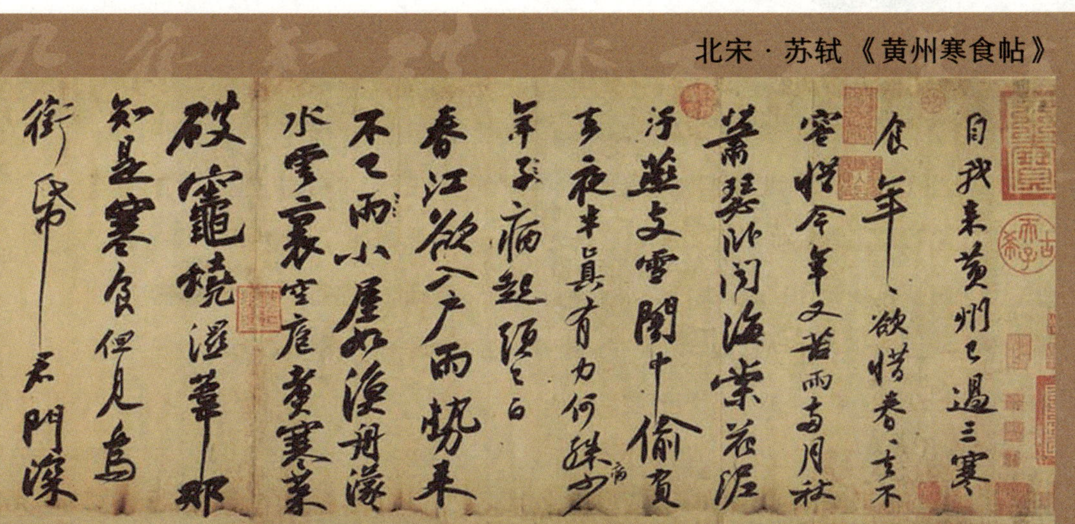
北宋·苏轼《黄州寒食帖》

◆东坡美食◆

黄州东坡肉

北宋时期，黄州人擅养猪，连民谣都有“稻草系猪猪不跑”之句传唱。当时的文人和有社会地位的人喜吃羊肉，猪肉反而少有人问津：“黄州好猪肉，价贱如泥土。贵者不肯吃，贫者不解煮。”谪居黄州的苏轼生活清贫，买不起羊肉，便研究起猪肉的做法：“净洗铛，少著水，柴头罨烟焰不起。待他自熟莫催他，火候足时他自美。”这样做出来的五花肉酥烂红亮，色如玛瑙，入口香而不腻，糯而不碎。有了苏轼的代言推广，五花肉很快在民间流传开来，被戏称为“东坡肉”，直到今天还深受人们喜爱。

颇为困窘。苏轼以检校尚书水部员外郎、充黄州团练副使的身份来此，本州安置，不得签书公事，这意味着，他没有参与公务的权利，也领不到俸禄，而且还要受到地方官员的监管，不得擅离本州。元丰三年（1080）五月，苏辙护送苏轼的家人来到黄州，定惠院住不下了，便迁居到江边驿站临皋亭中。家大口阔，积蓄微薄，苏轼严格控制每日的支出：“初到黄，廪入既绝，人口不少，私甚忧之。但痛自节俭，日用不得过百五十。每月朔，便取四千五百钱，断为三十块，挂屋梁上，平旦用画叉挑取一块，即藏去叉，仍以大竹筒别贮用不尽者，以待宾客。”（《答秦太虚书》）即使这般，还是很快入不敷出，到了“先生年来穷到骨，问人乞米何曾得”（《蜜酒歌》）的境况。

为了缓解生计上的困窘，在好友马梦得的帮助下，时任黄州知州的徐君猷将城东荒坡上的50亩旧营地拨给苏轼，苏轼带领全家老小整治土地，开荒种田，一家人日出而作，日落而息，自给自足。他在东坡附近盖起了草屋，名为“雪堂”，“吾非取雪之势，而取雪之意。吾非逃世之事，而逃世之机”，在躬耕东坡的日子中，苏轼的内心矛盾得以解决——功业不等于仕途，他不逃避入世，只回避世间的机锋。麦田、柳树、桑林、果园……随着一锄一犁，我们更为熟悉也由衷喜爱的东坡居士从磨难与挫折中淬炼而成。

尽管生活困苦，心内旷达的底色不改。在临皋亭寓居，拥挤而简陋的居所，在诗人眼中却是观山水的宝地：“甚清旷，风晨月夕，杖履野步，酌江水饮回首向来萧瑟处，归去，也无风雨也无晴。

《定风波·莫听穿林打叶声》苏轼

之”“临皋亭下八十数步，便是大江，其半是峨眉雪水，吾饮食沐浴皆取焉，何必归乡哉！江山风月，本无常主，闲者便是主人”，开垦东坡，“地既久荒，为茨棘瓦砾之场，而岁又大旱，垦辟之劳，筋力殆尽”，走在路上碎石坎坷不平，但苏轼仍以“莫嫌荦确坡头路，自爱铿然曳杖声”为乐。

而治愈苏轼的，除了时间与友人，还有黄州的美景与美食。

东坡赤壁：天生赤壁，不过周郎一炬，苏子两游

康熙末年，黄州知府郭朝祚修缮赤壁，并在门楼之上刻下一副楹联：“客到黄州，或从夏口西来，武昌东去；天生赤壁，不过周郎一炬，苏子两游。”的确，

东坡赤壁公园

明·仇英《赤壁图》

周郎一炬，苏子两游，使这段崖壁突破时空的经纬，凝聚千古风流。

周瑜，字公瑾，三国时期的孙吴政权的名将，“长壮有姿貌”，吴中皆呼“周郎”。“大江东去，浪淘尽，千古风流人物。”赤壁矶风起浪涌，问三国谁是枭雄？苏轼说，当为周郎。曹操在占据江陵之后，企图南下一举歼灭刘备和孙权。当时，刘琮已降曹操，刘表一死，曹操就占据着绝对的优势。面临着曹军的威逼，孙刘结成联盟一起抵抗曹军，但是由于兵力悬殊，孙吴政权内部发生分歧，有人主战，有人主和。而周瑜就是主战的一派，他仔细分析了当下的局势，谈到曹操几经大战，兵力有所耗损，而且刘琮新降的几万人军心并不全向曹操，再加上当时长江的气候，他认为可以抵抗曹军并取得胜利。最终周瑜以三万精兵，诱敌深入，以少胜多，大败曹军，奠定了吴国在这个纷乱时期占据一地的基础。火烧赤壁之时，周瑜仅三十三岁，“羽扇纶巾，谈笑间，樯橹灰飞烟灭”，可谓意气风发。孙权称帝时曾慨叹：“孤非周公瑾，不帝矣！”虽然在《三国演义》中，罗贯中将周瑜塑造成了一个处处与诸葛亮作对的气量狭隘之人，但是历史上周瑜却是一个英勇智慧、有谋略、有胆识的英雄豪杰，

“雅量高致”，有“折节容下”的心胸。《三国志》载：“（程）普颇以年长，数陵侮瑜。瑜折节容下，终不与校。普后自敬服而亲重之，乃告人曰：‘与周公瑾交，如饮醇醪，不觉自醉。’时人以其谦让服人如此。”

东坡赤壁位于黄州城西北部，是一个斜形山体，其中有岩石突出像墙壁，颜色为赭红色，故名赤壁。如今，赤壁山已被修建为一个文化区，形成一个赤壁公园。

赤壁公园主要由一塔、二堂、二阁、九亭所组成。其中二堂为二赋堂和雪堂，这是赤壁建筑的中心，占地约150平方米，始建于清康熙年间，因为堂内刻有苏轼的《前赤壁赋》和《后赤壁赋》而得名。塔是古石塔，立于二赋堂西侧，高不足三米，结构简略粗糙，但是传说这才是赤壁建筑物

东坡赤壁苏东坡像

南宋·佚名《赤壁图》

中历史最久的建筑物之一。二阁就是指留仙阁和碑阁了，留仙阁内有《东坡笠屐图》、20 世纪 60 年代出土的苏轼乳母任采莲的墓碑和一些其他的碑刻史料；碑阁当中主要是藏有苏轼手书石刻，黄州是苏轼书法帖之大成之地，苏辙曾言："既而谪居于黄，杜门深居，驰骋翰墨，其文一变，如川之方至，而辙瞠然不能及矣。后读释氏书，深悟实相，参之孔、老，博辩无碍，浩然不见其涯也。"碑阁最早是在清朝光绪年间开始篆刻，经过抗战时期的战乱，时至今日，完好无损的碑刻还有 126 块，如今传颂的《景苏园》碑帖就是指苏轼在赤壁的碑帖合集。

四亭之一的酹江亭，位于二赋堂的西南处，亭内北墙上的《前赤壁赋》书帖乃为大书法家赵孟頫手书真迹，原名"御书亭"，同治年间重修时取苏东坡《念奴娇·赤壁怀古》词中"一尊还酹江月"一句，改为"酹江亭"。而这首耳熟能详的词作就镶嵌在西侧的坡仙亭内，这里陈放的是苏东坡即将告别黄州时所作的一些词作及所绘的一些画作，其中就有《满庭芳·归去来兮》。另外两亭则是充满故事的睡仙亭和放龟亭。睡仙亭，由北宋初年王禹偁建，当时取名为“睡足堂”，灵感来自唐代诗人杜牧“平生睡足处，云梦泽南州”一句，并取句中“睡足”一词作为该堂的名字。后在清代同治七年（1868）重修时，正式改名为“睡仙亭”，另外亭内设有一张石床和一个石枕，传说东坡和友人一同游赤壁时，曾在这里醉倒而卧。

时至今日，随着长江水向西退却，东坡赤壁已距江甚远，不复当时的雄伟壮丽，但其所承载的历史记忆、文人情怀，却永不会被江水涨落所磨灭。只要写赤壁的诗文还在，苏子与客泛舟的“壬戌之秋，七月既望”“携酒与鱼”，复游于赤壁之下的“月白风清”的良夜依旧传诵，“乱石穿空，惊涛拍岸”的赤壁就会永恒存在。

千古兄弟情

1084年，苏轼全家要离开黄州，让儿子苏迈带全家去湖口相会，自己先去看望因“乌台诗案”被贬谪筠州的弟弟苏辙。到了奉新就派人送信给苏辙说：“已至奉新，旦夕相见。”到筠州前，又写信说他“露宿风餐六百里”，充分写出了他当时的兴奋和热望。而距高安二十里的时候，苏辙等已在城外建山寺迎候了。

苏轼（端午节与侄子一同出游）：
两翁归隐非难事，惟要传家好儿子。
忆昔汝翁如汝长，笔头一落三千字。
世人闻此皆大笑，慎勿生儿两翁似。
不知樗栎荐明堂，何似盐车压千里。

苏辙：
朝来榷酒江南市，
日暮归为江北人。

白天，苏辙忙着鬻盐沽酒，
晚上才能与哥哥饮酒畅聊。
他们自由自在地讲眉山家乡土话，
做家乡点心“水饼”来吃，毫无拘束地说笑。

登州

群仙出没空明中

城市名片

名　　称　登州（今山东省烟台市蓬莱区）
美　　誉　“人间仙境”“山海名邦”
位　　置　胶东半岛最北端，濒临渤、黄二海
东坡线索　1085 年任登州知州，到任仅五日便诏命还朝
东坡足迹　苏公祠、蓬莱阁
东坡诗文　《海市诗》《题登州蓬莱阁》《登州召还议水军状》《乞罢登莱榷盐状》等

东坡生平

予闻登州海市旧矣。父老云：“尝出见于春夏，今岁晚不复见也。”予到官五日而去，以不见为恨，祷于海神广德王之庙，明日见焉。乃作此诗。

——《登州海市并叙》

“神宗崩，哲宗立，复朝奉郎、知登州，召为礼部郎中。”（《宋史·苏轼传》）元丰八年（1085），宋神宗去世，尚且年幼的哲宗即位，由高太皇太后垂帘听政，执掌朝政大权，苏轼重新获得重用，任朝奉郎、登州知州。但到任后仅仅五日，苏轼便受诏命回京任礼部郎中，加上返京前逗留的时间，苏轼约在登州停留了半月。五日时间，即使是旅游，恐怕也只能走马观花，浮光掠影，匆匆而返，但苏轼“到官五日”，不仅留下了多篇赞美登州山水的诗作，更体察政务民情，针对登州的盐业和海防上疏《乞罢登莱榷盐状》与《登州召还议水军状》，使百姓受惠，保一方安宁，留下了“五日登州府，千年苏公祠”的佳话。

五日登州府，千年苏公祠

蓬莱地处胶东半岛最北端，濒临渤、黄二海，早在新石器时代，就有人类在此生息繁衍。在古人的想象中，世界有三个中心，一是西极昆仑，二是东岳泰山，另一个是东方瀛海中的蓬莱、瀛洲和方丈三座仙山。《山海经》中有“蓬莱山在海中”之句，《史记·封禅书》中也记载：“自威、宣、燕昭使人入海求蓬莱、方丈、瀛洲。此三神山者，其傅在渤海中，去人不远。患且至，则船风引而去。盖尝有至者，诸仙人及不死之药皆在焉。其物禽兽尽白，而黄金银为宫阙。未至，望之如云；及到，三神山反居水下。临之，风辄引去，终莫能至云。”

从战国到秦汉，君主们为求长生不老，纷纷派人下海寻找“仙山”。《史记·秦始皇本纪》中记载秦始皇曾派徐福率三千童男童女东渡寻找海上仙山，唐人杜佑撰写的《通典》中记载：“汉武帝于此望海中蓬莱，因筑城以为名。”汉武帝寻仙山不着，于是失望又不甘心的他下令将他在海边望仙山而筑的小城命名为“蓬莱”。据史料记载，登州始置于唐武德四年（621），唐贞观八年（634），设蓬莱镇，唐神龙三年（707），登州治所迁蓬莱，蓬莱升镇为县。天宝元年（742），改登州为东牟郡，乾元元年（758），复称登州，宋、元沿袭之。明洪武元年（1368），废蓬莱县入登州，明洪武九年（1376），因

蓬莱海上云雾缥缈，似人间仙境。

朱元璋认为“时以登、莱二州皆濒大海，为高丽、日本往来要道，非建府治，增兵卫，不足以镇之”，登州升州为府，清代沿袭之。从唐代以来，蓬莱一直是胶东地区的政治、经济、文化中心，在海防、军事和外交领域具有重要地位。如今的蓬莱，是隶属山东烟台地区的滨海小城，依山傍海，山海交融，环境优美。境内年平均气温 12.5℃，冬无严寒，夏无酷暑，气候宜人，景点众多。

宋代实行“榷盐”的盐业专卖制度，“榷盐”之利是朝廷重要的财政收入来源。登州濒临黄海、渤海，海岸线长，有渔盐之便，当地百姓多以海水煮盐、贩盐为生，称为灶户。根据“榷盐”制度的规定，灶户所制之盐只能出售给官府，售价不足市价的三分之一，而百姓想吃盐，又需要高价从官府买入，导致制盐之人吃不起盐，灶户纷纷失业逃亡，官府收购的盐则因价格过高卖不出去，“商贾不来，盐积不散，有入无出，所在官舍皆满，至于露积”。苏轼向朝廷上书《乞罢登莱榷盐状》，陈言榷盐之三害，主张“先罢登、莱两州榷盐，依旧令灶户卖与百姓，官收盐税”。他的主张得到了朝廷的采用，登、莱二州得以实行单独的盐业政策，并一直沿袭到清末，百姓受惠千年。登、莱二州百姓立下苏公碑，上刻《乞罢登莱榷盐状》，以纪念心系苍生的苏轼，蓬莱阁上苏公祠内的清代盐政碑记载：

蓬莱八仙渡的海上日出

“苏文忠公，莅任五日即上榷盐书，为民图休息，士人至今祀之，盖非以文章祀，实以治绩也。”

苏轼除知登州知州外，还有知登州军州事的身份，他考察海防，发现具有海防重镇地位的登州武备松弛，屯兵多有外调，于是上书《登州召还议水军状》，提出“兵势分弱，以启戎心”“武艺惰废，有误缓急”的担忧，请求“朝廷详酌，明降指挥。今后登州平海、澄海四指挥兵士，并不得差往别州屯驻”。朝廷也采纳了苏轼的奏议，巩固登州海防。

渺渺神仙所，绝世有清歌。故老相传，海上有仙山，山在虚无缥缈间，一曰方丈，一曰瀛洲，一曰蓬莱，方丈无迹，瀛洲缥缈，唯有蓬莱惊艳了黄海无数波涛。或许，此蓬莱已非彼蓬莱，但这奇峰兀立、琼楼叠翠、花木葱茏、蜃光迷离的所在，却的确堪称人间胜境。

蓬莱阁：宾出日于丽谯，山川炳焕

蓬莱很大，山海之间，风光殊异，既有蓬莱阁之奇秀精致、蓬莱水城之苍古磅礴，又有八仙渡之沙浑潮落、瑶池横波，置身其间，如梦如幻。昔年，秦始皇三度求长生，汉武帝数次访仙阙，八仙更横跨汪洋证道果，传说种种，光怪陆离，有些固流于荒诞，却也为蓬莱蒙上了一层最幽邃、最神秘的色彩，而在神秘的蓬莱，最神秘的地方自然还是蓬莱阁。

蓬莱阁雄踞丹崖山巅，高阁凌空，气派万千，彩绘雕梁，蔚为壮观，是

三仙山景区

我国古代四大名楼之一，素以“人间仙境”著称于世，其“海市蜃楼”奇观和“八仙过海”传说享誉海内外。主体建筑建于宋嘉祐六年（1061），明万历十七年（1589）时，巡抚李戴又在阁旁边增建了一批建筑。清嘉庆二十四年（1819），知府杨本昌及总兵刘清在这里主持进行了扩建，使其大具规模，后因战事，多处建筑被毁。中华人民共和国成立后，国家多次进行修缮，至1965年，蓬莱阁古建筑群基本上恢复了原貌。

蓬莱阁阁楼高达15米，坐北朝南，为木结构建筑，两重檐，阁楼上四面都被明廊环绕。登上蓬莱阁，凭杆远眺，可以看到长山群岛和诸个岛屿。假如天气比较好，运气又比较佳的话，可以在此观赏到“海市蜃楼”这一奇妙景观。

海市蜃楼也称蜃景，是光线经过不同密度的空气层发生折射或全反射时，把远处的景物显示在空中或地面而形成的各种奇异景象。蓬莱的蜃景不仅出现的频率高，而且景象内容明显、丰富，这与蓬莱特殊的地理、水文和气候环境有关。蓬莱地处渤海海峡南岬，其北、东、西三个方向分别与辽东半岛、朝鲜半岛和冀津沿海隔海相望，长山列岛横卧在海峡之间，从而为蜃景的出现提供了远、中、近各种距离的反射景物。此外，蓬莱位于渤海与黄海联结的咽喉地带，春夏

蓬莱水城

之交，每当大潮汐发生时，海峡中涌动的海流将底层的低温海水带出水面，使海水表面温度大大低于海面空气温度，从而使海面空气的温度从上而下骤降，形成不同层次的空气层。加之春夏之交，北方寒冷气流影响减弱而南方温暖气流未至，海面的空气层相对稳定，从而有利于形成折射的镜面。

苏轼来登州时，蓬莱阁建成仅二十余年，当时还名不见经传。他多次登游蓬莱阁，“眷恋山海之胜，与同僚饮酒宾日楼上”，在宾日楼上宴饮，观赏日出：“宾出日于丽谯，山川炳焕。”苏轼听闻登州海市已久，心向往之，然而在登州仅任职五天，海市又常见于春夏，时值秋冬，恐难一见，于是前去海神广德王之庙祷告。神奇的是，第二天，海市奇观真的出现了，苏轼得以在返京前目睹，也留下了一首《登州海市并叙》，使蓬莱阁成为此后历代文人墨客必要登临吟诵的名胜佳地。

千古兄弟情

1085 年，苏辙于他老哥奉旨起复时，已先移知歙州的绩溪县，不久又从绩溪被召入京，任校书郎。苏辙初得校书郎时兴奋不已，作《初闻得校书郎示同官三绝》以表开心。

苏辙十九岁成进士，二十三岁便登制科，
淹滞于小官长达二十余年，至此才算稍扬眉吐气。

蓬莱水城古建筑群

苏公祠

蓬莱风光

“东方云海空复空，群仙出没空明中。荡摇浮世生万象，岂有贝阙藏珠宫。心知所见皆幻影，敢以耳目烦神工。岁寒水冷天地闭，为我起蛰鞭鱼龙。”蓬莱被称为“仙境”，与蓬莱经常出现的蜃景有直接关系。古人站在丹崖山上，被眼前出现的海市蜃楼所震慑，这本是一种视觉幻象，却刺激了古人澎湃的想象力，创造出一个远离人间苦难的神仙世界。

在蓬莱阁的东侧，沿着丹崖山向南的方向有一座蓬莱水城，周长 1.8 千米，南宽北窄，呈不规则长方形，是我国现存最早、保存最为完好的古代水军基地。蓬莱水城原为北宋军事港口“刀鱼寨”，明洪武九年（1376），在原刀鱼寨的基础上修筑水城，负山控海，形势险峻。水城只有南北两个门，南门是振阳门，与陆地相连，车马行人可以在此出入；北门为水门，其上建有栅闸，可以控制船只的出入。北门还设有两座炮台，分别处于东西两个方向，以控制附近海面。另外还设有防浪堤、平浪台、码头、灯塔、城墙、敌台、护城河等海港建筑和防御性建筑，进可以攻，退可以守，是一个十分严密的海上防护体系，在我国海港建筑史上占有特别重要的地位。民族英雄戚继光曾在此训练水军，抗击倭寇，蓬莱水城由此而扬名海内外。

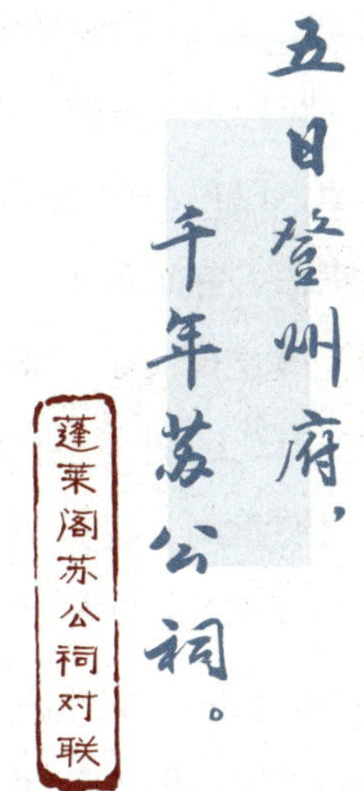

蓬莱阁东面建有苏公祠，东南面是为了观赏东海日出而建的观澜亭，西面则为可以看到海市蜃楼景象的海市亭。海市亭三面无窗，背面临海的地方建有短垣遮护，当亭外海风呼啸时，亭内所燃的蜡烛却不会熄灭，因此又被人们称作避风亭。整个建筑的走势都比较险峻，气势雄伟，其下是奔腾的海浪和缭绕的海雾，真不愧是“人间仙境”。位于蓬莱阁下面的仙人桥，造型奇特，结构精美，传说是“八仙”过海的地方。

根据八仙过海的神话传说，人们在蓬莱阁的东侧，与蓬莱阁遥遥相望的地方，填海3.3万平方米，新建了八仙渡海口景区。从空中俯视，景区恰似亚腰葫芦一般。景区内有两处人工池，分别注入海水和淡水，名曰“北海”和“南湖”。景区内竖立着各种雕塑20余尊，道教神仙100余尊奉祀在此。长400余米的环形步廊，梁架间有彩绘174幅，形象地展示了八仙得道成仙的神话传说，引人入胜。

历经风雨沧桑，如今蓬莱阁自然风景区已发展成为以蓬莱阁古建筑群为中轴，蓬莱水城和田横山为两翼，四种文化（神仙文化、精武文化、港口文化、海洋文化）为底蕴，山（丹崖山）、海（黄渤二海）、城（蓬莱水城）、阁（蓬莱阁）为格局，登州博物馆、古船博物馆、田横山、合海亭及黄渤海分界坐标等20余处景点为点缀，融自然风光、历史名胜、人文景观、休闲娱乐于一体的风景名胜区和休闲度假胜地，并被列为全国5A级旅游景区和国家重点文物保护单位。

花褪残红青杏小的时节，登临阁顶，远望，可见海市横空，曲径疏斜间，亭阁错落、寺宇琳琅、山花烂漫、晚照晴烟，虽是虚妄，却颇明媚，因是蜃影，千变万化时更平添几许风致；近观，能见碧海雪淘、青瓦重檐、如云的白帆间渔火点点，黄昏日暮，霞光万顷，唯美得不似人间。饮风吟雪东风度，天光晴好的时候，于蓬莱阁观澜亭内，仰观海日，自见万里海平，千丹流静。若不慎错过了晓日，也没关系，潮平风暖的秋夜，还有一弯溶溶的残月等待着与你我相遇。

◆东坡美食◆

鳆鱼

苏轼在登州留下的诗文中，篇幅最长的一首是七律《鳆鱼行》。鳆鱼即我们现在所熟悉的海鲜——鲍鱼的古称，到了明代，鳆鱼才慢慢改称鲍鱼。而古人所说的鲍鱼，指的是整体腌制的咸鱼，如《孔子家语》中“如入鲍鱼之肆，久而不闻其臭”。

从古至今，鳆鱼都是海鲜中的珍品，宋代以前，中国仅山东地区出产鳆鱼，价格高昂，只有帝王高官们吃得起。登州盛产鳆鱼，苏轼来登州的几日，正遇上鳆鱼收获的时令，于是得以一尝其鲜美，连连赞叹“一枚何啻千金直”。

八仙渡海口景区

景区三面环海，形如宝葫芦横卧在大海之上。

颍州 且来花里听笙歌

城市名片

名　　称　颍州（今安徽省阜阳市）

美　　誉　“管仲故里”

位　　置　黄淮海平原的南部，淮北平原的西部

东坡线索　1071 年来颍州看望恩师欧阳修；1091 年在颍州担任知州 8 个月

东坡足迹　颍州西湖

东坡诗文　《颍州初别子由二首》《酒隐赋》《秋阳赋》等

东坡生平

征帆挂西风，
别泪滴清颍。
留连知无益，
惜此须臾景。
我生三度别，
此别尤酸冷。
念子似先君，
木讷刚且静。

——苏轼《颍州初别子由二首·其一》（节选）

元祐六年（1091），54 岁的苏轼到颍州担任知州。这并不是他第一次到颍州，上一次是在他 34 岁去杭州任通判的途中，专门到颍州去看望已经退休、定居颍州的欧阳修。

颍州是个不大的州郡，政务相对而言不那么繁重，更何况这里还有他的很多好友，像是欧阳修的两个儿子，苏轼和他们是早早结了儿女亲家的，亲上加亲。颍州的同僚也是苏轼非常欣赏的，比如通判赵德麟，精明能干、勤奋努力，他还特地写过一篇七言古诗《轼在颍州与赵德麟同治西湖未成改扬州三月十六日湖成德麟有诗见怀次其韵》。和志同道合的人在一起，对于暮年的苏轼来说，生活更加快活了一些。

水润的一座城

苏轼在颍州任职只有8个月，这短暂的时光不足以让他完成许多政务，但他还是挖了沟渠、疏浚颍州西湖、修造了三闸，并且在冬天的时候跟朝廷讨要钱款，准备存贮足够的粮食来救济从周边州县逃难而来的饥民。

苏轼在颍州做的大部分工作都和水有关，因为颍州本身是个水资源丰沛的州郡。颍州一直有“两水襟带、三清贯颍、碧水穿城”的美誉，颍河、淮河、泉河穿城而过，孕育出大片的湿地，滋养出肥美的水产和丰满的稻谷。在宋朝时，颍州产的粮食不仅养着地方百姓，还养着汴京，是名副其实的鱼米之乡。

除了天然河流，古老的颍州还有不少人工河、湖，水上阡陌交通，非常便利。欧阳修在这里生活的时候，经常从清河坐船向南去往焦陂，喝新酒、吃秋天的肥鱼，他说颍州的鱼，长出了晶莹剔透的肥膘，看着像一块玉似的。

苏轼在颍州的闲暇时刻也基本上是泛舟水上，与诗酒和友人相伴，自在逍遥，他还写了一首《泛颍》，说自

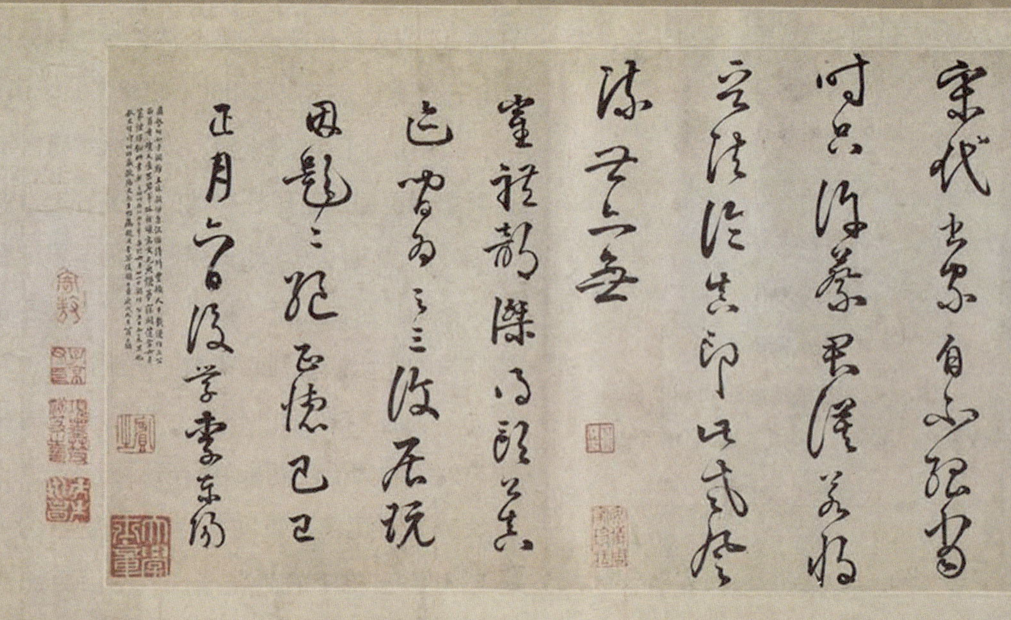

己“**到官十日来，九日河之湄**”。当官十几天，有九天都在水上。

今天的阜阳，依旧是水润的一座城。除了颍河、淮河、泉河之外，境内还有西淝河、茨河、谷河、流鞍河、润河、济河等，庞大的水系给阜阳缔造了大量的湿地公园，如颍州西湖国家湿地公园、迪沟国家湿地公园、沙颍河国家湿地公园、颍上八里河省级自然保护区等。

八里河风景区

这种丰饶也滋养了许多名人，欧阳修自不必说，他是江西人，却将晚年生活托付给颍州，就是对颍州之爱最热情的表白。他喜欢颍州的水脉，喜欢颍州西湖上的亭台楼阁和烟柳绿波，喜欢这里温和湿润的气候和丰富

北宋·欧阳修《灼艾帖卷》

的物产。苏轼本是欧阳修的学生，审美几乎和老师如出一辙。还有让欧阳修和范仲淹都十分敬佩的北宋宰相蔡齐和晏殊，都曾在颍州做过官，对那里充满了热爱。毫不夸张地说，颍州群星璀璨。

颍州西湖，未觉杭颍谁雌雄

中国叫作西湖的水域有30多个，但盛名于世的只有4个，它们分别是：杭州西湖、惠州西湖、扬州瘦西湖和颍州西湖。

颍州西湖早在春秋时就存在，是古颍河、小汝河、清河、白龙沟四水汇集的地方，无论多么浑浊的水流入这里都能变得清澈，但彼时只是一个野湖，没什么人文景观，所以没什么名气。随着朝代更迭，文明繁盛，许多城市的规划都有了崭新的面貌，颍州西湖也建起亭台楼阁，到盛唐时总算闯出了一番名堂，吸引了许多盛唐文豪前来游览、写诗文。

◆东坡逸事◆

救鱼

1091年的秋天，颍州西湖水枯竭，东溪的鱼儿有可能大量死亡，渔民生活将会受到影响。苏轼为了减少损失，命人将东溪的鱼捕捞上来投入水泽丰富的西溪。垂死的鱼儿忽然迎来了生机，在水中不断翻腾。苏轼当晚写了一首放鱼诗，他自称是一首戏作，所以没有名字，以下是一段节选：

西湖秋涸，东池鱼窘甚，因会客，呼网师迁之西池，为一笑之乐。夜归，被酒不能寐，戏作放鱼一首。

东池浮萍半黏块，裂碧跳青出鱼背。

西池秋水尚涵空，舞阔摇深吹荇带。

宋朝时，有了欧阳修的大力宣传，这片水域的盛名攀至巅峰。等到苏轼到来的时候，它已经是个不折不扣的顶流景区。不过苏轼对颍州西湖有着再造之恩，可以说是为颍州西湖的盛名添砖加瓦。他疏浚西湖之后，西湖的水和清河、小润河来的水一起出白龙沟，进入颍河。这样一来，颍州南部的地表水大时可以泄，不至于形成内涝，少的时候可以储存起来灌溉沿湖、沿河两岸的广大农田。

颍州西湖疏浚之后，苏轼大喜，写了“大千起灭一尘里，未觉杭颍谁雌雄”“二十四桥亦何有，换此十顷玻璃风”，朝着大千世界看过去，说不好杭州西湖和颍州西湖到底谁更胜一筹，扬州就更不必说，二十四桥也不能换颍州西湖的

颍州西湖

十顷碧波。这“十顷”也是有来历的，是晏殊在这里担任知州时兴修西湖水利，开拓了水面十顷，但比较浅。

今天的颍州西湖有着5.74平方千米的水域，水中有小岛、岛上有水潭，两岸在绿树芳菲中修建了碑林公园、隐闲堂、紫竹院、清涟阁、九曲桥、双柳亭等景点，其中隐闲堂是后人专门为了纪念欧阳修、苏轼所建。

由于颍州四季分明，所以西湖一年四季都有胜景。

春天湖畔百花盛开，樱花、迎春花、海棠、牡丹、石榴、芍药、桃花等数不胜数，映衬着古老的建筑有了年轻、娇俏的模样。夏天的湖面铺满了荷叶，有风徐来，荷花摇曳婀娜，水波皱起碎了阳光，水面如同一地琳琅。秋天菊花盛放，芦苇荡漾。冬天湖面如镜一般平静安宁，飞鸟成群翻飞，是北方冬季给不了的另一番生机。

女郎台，人去台空思绵长

西湖边上的女郎台，高出地面5米，看上去似塔非塔，是观看整个西湖的制高点。关于它的建造时间已经在历史中模糊，传说其原址应该是春秋时期的胡子国君王为了两个女儿所建的寺庙和宫殿。

很久之后，女郎台被洪水侵蚀，寺庙和宫殿都不见了，只剩下台基和一口老井。又过了几百年，台基也被磋磨成了一堆高大的黄土。

现在的女郎台是建在原本已经成为废墟的黄土堆上，和西湖里的清涟阁遥遥相望。灰色的砖石铺开了沉睡的往事，女郎的雕像则告诉后人这里曾住着可爱的姑娘。登上高台，可以用一种置身事外的姿态来观看西湖的全貌，就好像欣赏一幅流动的水墨丹青。不知道当年苏轼是否曾在这里看过这片他短暂停留的土地。

我性喜临水，得颍意甚奇。
到官十日来，九日河之湄。

《泛颍》苏轼

颍州西湖的水榭

扬州 此生定向江湖老

城市名片

名　　称　扬州（今江苏省扬州市）
美　　誉　“淮左名都，竹西佳处”“雄富冠天下”
位　　置　江苏省中部，长江与京杭大运河交汇处
东坡线索　1092 年任扬州知州，十二次过扬州
东坡足迹　瘦西湖、大明寺、平山堂
东坡诗文　《西江月·平山堂》《次韵和晁无咎学士相迎》《江城子·墨云拖雨过西楼》《临江仙·夜到扬州席上作》等

东坡生平

七年，徙扬州。旧发运司主东南漕法，听操舟者私载物货，征商不得留难。故操舟者辄富厚，以官舟为家，补其弊漏，且周船夫之乏，故所载率皆速达无虞。近岁一切禁而不许，故舟弊人困，多盗所载以济饥寒，公私皆病。轼请复旧，从之。未阅岁，以兵部尚书召兼侍读。

——《宋史·苏轼传》

苏轼曾十二次来到或路过扬州，“此生定向江湖老，默数淮中十往来”（《淮上早发》），苏洵去世后扶柩返蜀、出杭州通判、杭州移密州、徐州移湖州、“乌台诗案”由湖州押解入京等都途经扬州。之所以“淮中十往来”，一是因为扬州处在长江与京杭大运河交汇处，是北宋时期东南部的水上交通枢纽，苏轼在江南一带屡次调动，扬州自然是必经之地；二是因为苏轼的恩师欧阳修曾任扬州太守，苏轼的众多好友也长居扬州，如秦观、晁补之、米芾等，扬州的风土人情也吸引着苏轼。元祐七年（1092）二月，苏轼转任扬州知州，这一次终于不再是匆匆路过，而是以德施政，为民请命。不满一年，八月即被召为兵部尚书兼侍读，离扬返京。

腰缠十万贯，骑鹤上扬州

扬州古称广陵、江都、维扬等，地处长江下游北岸，江淮平原南端，京杭大运河纵贯南北，通扬运河贯穿东西。扬州作为苏北重镇，是江淮地区的水陆交通枢纽。扬州地势西高东低，以仪征境内的丘陵山区为最高，从西向东逐渐倾斜，沿江和沿湖一带为平原。其境内主要湖泊有白马湖、宝应湖、高邮湖和邵伯湖等。

扬州有文字可考的历史达 2500 多年。吴王夫差建邗城是扬州建城的开始。楚怀王十年（前 319），楚国打败越国，在邗城基址上第二次筑城，因城墙“广被丘陵”，改称“广陵”，这是扬州称广陵的开始。秦汉之际，因广陵县城靠近长江，为一县之都会，又更名为“江都”。

到了东晋南北朝时期，中原南来的移民带来了先进的生产技术和文化，促进了长江下游一带的生产发展和经济繁荣。隋统一中国后，才改称扬州。据说大禹治水以后，把天下分为九州，扬州的改名取意于《禹贡》中的“淮海惟扬州”。扬州的繁华使身在北方的隋炀帝杨广不胜向往，于是征调数以万计的民夫开凿了南起临安（杭州），中经东都洛阳，北至涿郡（北京）的南北大运河，并在扬州蜀冈、雷塘一带大建宫殿、苑囿，三次由洛阳乘龙舟南游扬州，当时的扬州成为拥有 50 万人口的重要商港。

唐代扬州的商业更加繁荣，位居

淮扬菜

江苏扬州市内的古邗沟碑记载着大运河开凿的始点。

全国第一，超过成都，有“扬一益二”（益州为成都古称）之说，“雄富冠天下”之誉。北宋时期，扬州成为中国东南部的经济、文化中心，与都城开封相差无几。每年商业税收约8万贯，居全国第三位。南朝梁时期的扬州，已经因经济富庶和风光醉人而闻名，当时的小说里有这样的对话：“有客相从，各言所志。或愿为扬州刺史，或愿多资财，或愿骑鹤上升。其一人曰：‘腰缠十万贯，骑鹤上扬州’，欲兼三者。”人间至乐莫过于有钱、成仙，以及当扬州刺史。

历代文人也格外偏爱扬州，在此地留下了许多赞美扬州的千古名句，让后人也能从这些文字中穿越时光，感受扬州曾经的美丽与繁华。“淮左名都，竹西佳处”“烟花三月下扬州”“十年一觉扬州梦”“春风十里扬州路”“二十四桥明月夜”“天下三分明月夜，二分无赖是扬州”，扬州的美，在文人墨客的诗句中得到了淋漓尽致的体现。“十里长街市井连，月明桥上看神仙。人生只合扬州死，禅智山光好墓田。”不仅要在扬州生活，还要在扬州终老，才不枉此生。

苏轼自然也醉心于扬州的山水风光，但更关注民生疾苦，扬州为官半年多，苏轼政绩斐然。前往扬州的途中，他“每屏去吏卒，亲入村落，访问父老，皆有忧色”，原来因为每逢丰年，官府就会征收百姓历年积欠的赋税，因此虽然麦子长势很好，百姓却面有忧色，“积欠十年，丰凶皆病”。苏轼不禁感叹：“孔子曰‘苛政猛于虎’，昔常不信其言。以今观之，殆有甚者。水旱杀人，百倍于虎。而民畏催欠，乃甚于水旱矣。”后来他一再上书朝廷，请求宽免百姓积欠，终获朝廷准许。之前主管东南漕运的发运司允许操舟者私载物货，征收商税，不

瘦西湖

予为难，因此操舟者很快富裕起来，把官船当作自己的家，主动修补船只，救济生活困乏的船夫，行船速度快且安全。近年来禁止私运货物，导致船破人穷，很多人偷盗官船货物来维持生活，于公于私都有弊无利。苏轼上书请求恢复漕运旧制，也获得了批准。

“扬州芍药名于天下，与洛阳牡丹俱贵于时。”扬州芍药名甲天下，每年春日都会举行盛大的万花会，时任扬州别驾的晁补之有诗赞曰：“人间花老，天涯春去，扬州别是风光。红药万株，佳名千种，天然浩态狂香。”然而，万花会争奇斗艳的背后，是百姓的沉重负担，展出的十万株芍药，所需费用都向民间摊派。苏轼认为，“花会检旧案，用花千万朵，吏缘为奸，乃扬州大害，已罢之矣。虽煞风景，免造业也”，下令停办万花会，花农纷纷拍手称快。

千古兄弟情

1092年2月，朝廷调苏轼知扬州，苏轼希望在扬州等苏辙一起还乡，于是寄诗给苏辙重提对床夜雨之约。而苏辙此时并不那样想，兄弟俩的政敌已经罢官离京，他希望苏轼能回京一同施展他们的政治抱负。因此特派专差送信到颍州来约请苏轼先来京城，见过太后，再赴新任。但苏轼并无此意。

苏轼：
想来不太敢相信“苛政猛于虎”这句话，如今亲眼看到水旱之灾杀人百倍于虎啊！而相对于水旱之灾，老百姓更怕催收！

三月初三，苏轼已经离开颍州，径赴扬州。
与迨、过二子沿途屏去吏卒，亲自深入村落，访民疾苦。

瘦西湖：谁似我，醉扬州

扬州是著名的文化古城和风景优胜之地，瘦西湖更是扬州这座名城中最璀璨的一颗明珠。“垂杨不断接残芜，雁齿虹桥俨画图。也是销金一锅子，故应唤作瘦西湖。”清朝诗人汪沆如是说，瘦西湖也由此得名，蜚声四海。

瘦西湖位于扬州西北，最开始只是作为防御的护城河而存在，唐代以后不断扩展形成人工湖，民间称其为炮山河，又叫保障河，到了清代已成为扬州城有名的景致。乾隆时，因“河绕长春岭而北”，改称长春湖。后来因湖在扬州城西，民间俗称西湖。而扬州的西湖与杭州西湖相比，另有一种清瘦秀丽的风情，为了便于区分而改称瘦西湖。

因为由河道改建而成，一向以风景优美闻名于世的瘦西湖湖身呈屈曲的长条形。瘦西湖南起虹桥，北至平山堂蜀冈，与城河、潮河相接，连通大运河。湖面窈窕曲折，水色碧绿，虽然没有五湖的浩荡，却具备西子的娇媚。清代乾隆以后又刻意改建维护，使瘦西湖更显妩媚俏丽。

乾隆下江南，扬州的盐商为了迎接圣驾南巡，不惜重金在瘦西湖旁建造了一座座各具风情的优美园林，还特地开凿莲花埂新河（即今由五亭桥至平山堂的一段河道）以便舟行直达

徐园

徐园在瘦西湖内，体现了瘦西湖“园中有园”的特色。

平山堂。瘦西湖兼有北方的雄浑和南方的秀丽两种美，周围亭榭满园，虹桥错列，绿杨盈堤，花木疏秀。在诸多景致中，虹桥、徐园、小金山、钓鱼台、白塔、五亭桥等景观最有代表性。

虹桥横跨瘦西湖南口，初名红桥，始建于明代崇祯时期，最先是木质结构，围以红栏，故有此名。清代乾隆时期改建为石桥，好似卧虹于波，因此改称虹桥。因在小秦淮上另有一座小虹桥，这里的虹桥也称作大虹桥。乾隆年间，两淮盐运使卢见曾为之作赋，和者先后达七千人，编成三百余卷，并绘有《虹桥览胜图》志其盛举。虹桥的胜迹，自此天下闻名。站在桥顶，纵目眺望，湖身开阔，波平如镜，水天交碧，仰观俯视，已分不清是云行湖底，还是树映天上。自大虹桥西北至徐园，被命名为长堤春柳，沿着瘦西湖岸边，桃柳夹道。每当春暖花开，夭桃逞艳，柳浪闻莺，成为游人销魂乐赏的地方。秋天落叶萧疏之时，聆听秋柳鸣蝉，别有一番余韵在心头。

莲性寺白塔位于瘦西湖的南侧，模仿北京北海琼岛白塔而建，极富美感。这里原本是没有塔的，据传乾隆皇帝游湖时曾对侍从说：“这里很像北

莲性寺白塔

扬州的白塔在模仿北海白塔的同时又融入了一些江南的特色。

此生定向江湖老，默數淮中十往来。

《淮上早发》苏轼

海的琼岛春阴，只可惜少了个白塔。”身旁的江姓盐商为了讨好皇帝，不惜血本，用一万两银子贿赂乾隆皇帝身边的侍臣，拿到了北海白塔的图样，一夜之间用盐包堆起一座“白塔”以供御览。之后又不惜重金，在原址上建起了一座与北海白塔不相上下的扬州白塔。

五亭桥位于莲性寺之侧，跨于瘦西湖上。五亭桥是一座别致的拱形石桥，最早建于1757年，是巡盐御史高恒鼓动盐商集资修建而成。桥身长55.5米，宽约8米，其上矗立着五座亭子，以中间一亭为最高，南北各亭互相对称，拱出主亭。亭的顶部琉璃黄瓦青脊，金碧交辉。亭挑四角，系以金铃，清风吹过，铿然有声。桥下纵横有十五个洞，都可以通船。据说皓月东升时，在每个洞都可以观赏到月色，金波荡漾，众月争辉，倒映在湖面上的月色完全可以与杭州西湖的三潭印月相媲美。五亭桥构思奇巧，在桥上平远眺望，波澜不兴，所有佳景尽览无余。

平山堂：长记平山堂上，欹枕江南烟雨

庆历八年（1048），欧阳修知扬州，在大明寺旁修建了平山堂，当作登高揽胜、饮酒赋诗之所，“独平山堂占胜蜀冈，江南诸山，一目千里”。嘉祐元年（1056），刘敞出守扬州，欧

阳修作《朝中措·送刘仲原甫出守维扬》相送：“平山阑槛倚晴空。山色有无中。手种堂前垂柳，别来几度春风。文章太守，挥毫万字，一饮千钟。行乐直须年少，尊前看取衰翁。”

元丰二年（1079），苏轼移知湖州，途经扬州，与友同游平山堂。此时欧阳修已去世多年，唯平山堂墙上的墨迹仍留，苏轼凭吊恩师，感慨万千，留下了一首《西江月·平山堂》：“三过平山堂下，半生弹指声中。十年不见老仙翁。壁上龙蛇飞动。欲吊文章太守，仍歌杨柳春风。休言万事转头空，未转头时皆梦。”元祐七年（1092），苏轼知扬州时，为纪念恩师欧阳修，在平山堂稍后位置修建了谷林堂，取“深谷下窈窕，高林合扶疏”中“谷”“林”为堂名。今之“谷林堂”是清同治年间重建。

平山堂前古藤错节，芭蕉肥美，通堂式的敞厅之上，“平山堂”三字匾额高悬。岁月流转，平山堂历经多次兴毁。光绪年间，两江总督刘坤一题“风流宛在”，乃追怀欧公韵事而书，书法流畅，看来其“流”少一点，而“在”多一点，用字活而非错，回味其意，欧公风流仍在。

欧阳修在扬州任职期间为扬州办了不少好事，为了纪念欧阳修，扬州人修建了欧阳祠，又称欧阳文忠公祠。欧阳祠曾两次被毁，现存的欧阳祠是光绪五年（1879）重建。设神龛、龛壁供欧阳修石刻像，石刻像上方为欧阳修画像题之御书。欧阳祠东墙南端、

平山堂

欧阳祠

祠堂外东西壁均有石碑，记载着这位北宋文学家的史迹和人们对他的怀念与赞誉。

扬州的两位“文章太守”已骑鹤离去，而平山堂与谷林堂相伴左右，朝朝暮暮，共赏明月清风。

雪后的大明寺

千古兄弟情

1092年9月，苏轼以兵部尚书兼侍读自扬州再度还朝。时为门下侍郎的苏辙奏请得旨，准备出省迎接。三十多年前，兄弟俩长途跋涉来到汴京，参加举人试、进士试的那份热望如今早已耗竭。几十年的官场沉浮，如今重来汴河堤边，兄弟二人却依然回不得家乡。

苏轼先寄以诗：
老身倦马河堤永，踏尽黄榆绿槐影。荒鸡号月未三更，客梦还家得俄顷。归老江湖无岁月，未填沟壑犹朝请。黄门殿中奏事罢，诏许来迎先出省。已飞青盖在河梁，定饷黄封兼赐茗。远来无物可相赠，一味丰年说淮颍。

苏轼抵京后寄寓兴国寺，
因苏辙是当时执政的副相，而苏轼是外臣，
为避嫌所以不便住到苏辙的东府官邸去。

定州

难进易退我不如

城市名片

名　　称　定州（今河北省定州市）
美　　誉　“九州咽喉地，神京扼要区”
位　　置　华北平原西部，太行山东麓
东坡线索　1093 年 8 月—1094 年初，任定州知州
东坡足迹　雪浪亭
东坡诗文　《鹤叹》《中山松醪赋》等

东坡生平

驱之上堂立斯须，投以饼饵视若无。

戛然长鸣乃下趋，难进易退我不如。

——《鹤叹》节选

北宋元祐八年(1093)，苏轼到定州出任知州，这次出任依旧是一次不得志的被贬。这一年宋哲宗重启王安石的变法政策，而支持苏轼的宣仁太后也在同年病逝，苏轼作为变法的反对派被遣到了苦寒的定州。

去定州之前，苏轼的第二任妻子病逝。年近六十的苏轼官场不顺遂，家庭也随着妻子离世而变得残缺。但即便如此，苏轼上任后立刻展开了在定州的工作，他用政府储存的粮食无息贷给因战乱而饥饿的百姓，又在军队整治贪腐，重新振作士气。虽然在定州只有半年，苏轼却尽可能地给定州留了一片青天。

九州咽喉地，神京扼要区

定州位于今天的河北省，由保定市代为管辖。古老的定州在商朝就有了雏形，在春秋时期成为中山国的都城，取名为“顾”，汉景帝还曾将皇子刘胜封为中山王，“顾”也改称“卢奴”。之后定州经历过各种更名，直到北魏年间被叫为“定州”，从此这个带有长治久安意味的名字才被长久地沿用下来。

在北宋时期，定州的安定寓意更加浓厚，因为定州在地理上分开了宋与辽，不仅是地图上的一条分界线，还是一条战争的边界线，也是一条前线，被誉为“九州咽喉地，神京扼要区”“天下十八道，惟河北最重。河北三十六州军，惟定州最重”。

宋真宗景德二年（1005），辽国就是从定州入宋，强迫宋签订了澶渊之盟，宋每年要用30万岁币来买回边境的安定。从此以后，在边境的宋军就成了摆设，他们终日无所事事，不积极进行操练，也没有一点儿备战的心思，一方面认定了这种和平会一直持续下去，另一方面不敢操练怕刺激隔壁的辽国。

苏轼去定州任职，距离澶渊之盟已经过去了近90年，作为边境的军事重地，定州“边政颓坏，不堪开眼”。那里的守军根本不堪大用，用苏轼的话说，他们有的娇气，有的懒惰，有的胆小到

老妻奄忽，遂已半年，衰病岂复以此细缠。

——《与钱济明十六首之一》苏轼

定州贡院遗址

去值夜就已经吓得哭喊。让他们穿上铠甲、拿着兵器跑几里地，就气喘如牛。组织他们操练，他们就使劲儿喊，生怕隔壁辽军听不到。

苏轼拿这些守军没办法，就奏请皇帝在定州组织一支3万多人的民兵部队，让他们配合守军进行防务工作。并请求朝廷给这些民兵优厚的待遇，让他们没有养家糊口的烦恼。

幸运的是，定州的百姓一直是有忧患意识的，因为他们知道自己身处怎样敏感又危险的地带，所以老百姓自发地学武，几乎每家每户都有一位“武林高手”，他们逐渐养成了“带弓而锄，佩剑而樵”的习惯，只要遇到紧急事务就敲锣集合，比大宋的守军还要纪律严明。这也是为什么定州到今天都是著名的武术之乡，定州形意拳更是名满天下。

可惜的是，苏轼提交奏折的时候，朝堂之上正在被派系之争搅得乌烟瘴气，没人把苏轼的奏请当一回事。于

千古兄弟情

1093年12月25日，临近过年，苏家妇女也在忙着舂米做糕饼之类的点心。苏轼醉卧醒来，看到一种馏饭蒸汽做饼的工具，叫“馏合刷瓶”，觉得很新鲜，特地挑选了一件寄给苏辙。翌年二月二十，是苏辙生日，苏轼又寄了檀香木雕刻的观音像和新合印香银篆盘两件礼物，“为卯君（辙乳名）寿”。

苏轼：
老人心事日摧颓，宿火通红手自焙。
小甑短瓶良具足，稚儿娇女共燔煨。
寄君东阁闲蒸栗，知我空堂坐画灰。
约束家僮好收拾，故山梨枣待归来。

开口落笔，尽见一片归心。

是在定州任职的时候，苏轼写下了《鹤叹》，他的拳拳之心早就被朝廷上的纷争碾碎了，即便是想做一只鸡群里的鹤，也是难以前进，更难逃脱。

定州到现在都保留了许多和宋朝军事有关的地方，比如为了瞭望辽军的开元寺塔。定州许多街道都能看得出军事要地的痕迹，像是曾经是守军刀枪库房所在地的刀枪街、曾经定州府衙所在的都府营街等。

开元寺塔：表面佛系，实则瞭敌

说出来可能难以置信，开元寺塔的建成花了50多年。北宋咸平四年（1001），定州开元寺的僧人从古印度取回了佛经、舍利子，宋真宗为了供奉舍利下令建塔，一直到至和二年（1055）才建成。宋、辽开战的时候，这座塔因为高，且有寺庙身份作为掩护，不易被辽军察觉，而成为瞭望辽军敌情的高地，所以它又被称为“料敌塔”（也称“瞭敌塔”）。

开元寺塔是一座砖木结构的高塔，塔高83.7米，是全国现存的最高的砖塔。塔身砖与砖之间用的都是松柏木来加强拉力，为此砍伐了大量的松柏木，所以民间有了“砍尽嘉山（在曲阳县）木，修成定州塔”的说法。

塔身是八角形，由两个正方形交错形成，这在宋朝以前是不常见的，宋以前的佛塔多为四角形。通体涂满了白色，加上八角的建筑形态，更能凸显佛塔的庄严之感。塔内一共11层，塔心和外层之间有八角形的环廊，就像大塔套着小塔一样。每一层回廊的墙壁上都有许多碑刻和名人留下的诗句或文章，原本有45块，现在只留下34块。

开元寺塔

北岳庙内的壁画

定州北岳庙内的壁画，为唐代画圣吴道子的真迹。

登上最高一层，可以看到整个定州市，浩然之气最容易在高处生出。不知道苏轼是否到过这里，回廊的墙壁上没有他的题注，苏轼在定州留下的诗词里也没有它的踪影。但不妨做个大胆的猜测，苏轼在定州视察过军情，大概也会来料敌塔上走一遭。

一块石得一座亭

雪浪亭最初叫雪浪斋，完全是由一块石头得了一座亭。这块石头叫雪浪石，是苏轼在定州任职时偶然发现的。

宋朝有赏石、藏石的风气，尤其盛行于文人墨客之间。那些石头越是奇特，就越珍贵。雪浪石是苏轼在府衙的后花园中意外找到的，那块石头全身墨黑，上面却有白色的纹路相间，就像水流在河床的石头中奔涌，飞溅出雪白的浪花，于是苏轼为它取名为“雪浪石”。他小心地把雪浪石放在书房前面，顺势就将书房题名为“雪浪斋”。

为了好好保存雪浪石，苏轼还特地到曲阳定做了一个汉白玉石盆，

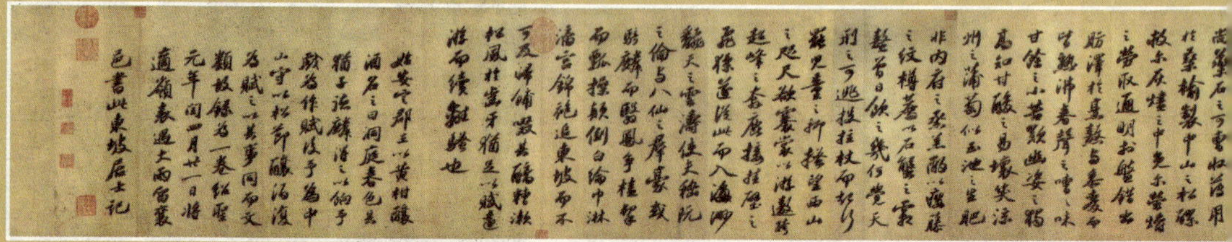

将雪浪石放在当中。他无数次安静地看着这块石头，上面飞舞的浪潮恣意变幻，自然造化的鬼斧神工让他惊叹，也不由得让他联想到了自己。这块石头或许是从伟岸的太行山上掉落的一块石头，或许是经历过战争、被士兵用来作战的飞石，但如今变成了被人把玩的玩物，像极了他从壮志雄心到一再被贬的仕途。

这种情绪一直跟随他到了广东，让他写成了《雪浪石》，开篇字字不曾提到“雪浪石”，字字都是在讲雪浪石的前世今生，“揭来城下作飞石，一炮惊落天骄魂”，下篇这样的“天骄”却变成了“画师争摹雪浪势”，不过是在画师手中赏玩而已。

苏轼离开定州后，雪浪石一度被忽视，直到明朝才被当地的官员发现，要不是石盆的盆沿上刻了苏轼写下的斋铭，也没人知道这么一块石头有什么特别之处。到了清朝康熙年间，雪浪石被挪到了众春园内，一直到 1952 年，政府为雪浪石盖了一座雪浪亭加以保护。

◆东坡逸事◆

中山松醪酒

苏轼不仅爱喝酒，还爱酿酒。在黄州，酿过蜜酒；在惠州，酿过桂酒；在海南，酿过真一酒和天门冬酒。在定州时，他因为喜欢喝松醪酒，就特地四处收集材料，找来松脂、松子、米、麦，再用当地的泉水，酿造了中山松醪酒。苏轼还为此写了一篇《中山松醪赋》，说每天只要喝上几杯，世间的一切痛苦都能消除：

曾日饮之几何，觉天刑之可逃。
投拄杖而起行，罢儿童之抑搔。
望西山之咫尺，欲褰裳以游遨。
跨超峰之奔鹿，接挂壁之飞猱。
遂从此而入海，渺翻天之云涛。

北宋 · 苏轼《洞庭春色赋 · 中山松醪赋合卷》

不辞长作岭南人

惠州

城市名片

名　　称	惠州（今广东省惠州市）
美　　誉	“鹅城”“惠民之州”“客家侨都”
位　　置	珠江三角洲东北，东江中下游
东坡线索	1094 年 10 月—1097 年 4 月惠州安置、宁远军节度副使
东坡足迹	罗浮山、惠州西湖、白水山
东坡诗文	《惠州一绝》《临江仙 · 惠州改前韵》等

东坡生平

绍圣初，御史论轼掌内外制日，所作词命，以为讥斥先朝。遂以本官知英州，寻降一官，未至，贬宁远军节度副使，惠州安置。

——《宋史 · 苏轼传》

宋绍圣元年（1094），苏轼对于新一轮变法中的部分内容依旧表达了不满，最终被变法新党排挤，继续被朝堂贬斥。这次贬斥更夸张，本来皇帝让他去英州（今广东英德）做知州，没想到苏轼还没到英州，皇帝就改了主意，觉得去英州当知州不够“贬”，所以让他去当“宁远军节度副使，惠州安置”。

安置这个词，在宋朝来说并不是什么好词，它是“安置法”——惩罚高级官员的一种手段，给一个偏远地方的闲职，不闻不问，跟流放没什么区别。苏轼在惠州的“流放”生涯，过了近三年。

一自坡公谪南海，天下不敢小惠州

宋朝的惠州和今天的广东惠州市完全是两个模样。

宋朝的惠州地缘广阔，包括归善县、河源县、博罗县、海丰县，尽管地方挺大，却是出了名的环境恶劣、人烟稀少、物资匮乏、经济落后，那里经常暴发瘟疫，瘴气肆虐，蛇虫鼠蚁四处横行。高官如果受到惩罚，最重的是死罪，活罪里最让人害怕的一是去儋州（今海南）当官，另一个就是去惠州。很多被贬到这两个地方的官员，都早早拟好了遗书，做好了死在那里的准备。这两个地方，苏轼都去过。

今天的惠州市，是珠江三角洲地区的中心城市之一，靠着粤港澳大湾区的东岸，南边是大亚湾，富饶繁盛，很难想象得出它在历史上穷苦的模样。

其实抛开经济因素，宋朝的惠州也是一个世外桃源，它有海、有山，“大海横陈，群山拥后”，拥有北方难得一见的山海景观。它位于东江的中下游，是客家文化、潮汕文化、广府文化的交汇处，看得到广东传统的汉剧、烧龙、舞狮，精神文化并不匮乏。而且这里曾是岭南道教文化的发祥地，东晋时期道教文化学者、炼丹术士、医药家葛洪曾在惠州罗浮山修行，炼丹采药，治好了不少当地人的疾病。

对于苏轼来说，不管世人眼里多

惠州双月湾

双月湾由大亚湾畔和虹海湾畔相邻的两个半月形海湾组成。

么不堪的地方，他都能看到美好的一面，更何况惠州的确拥有太多美景。罗浮山上葛洪留下的道观，苏轼曾在里面喝过酒，他说这哪里是人间，是蓬莱第七洞天；白水山的汤泉和瀑布都曾洗刷过苏轼疲惫的灵魂，他前后三次到白水山，写下了《记游白水岩》《白水山佛迹岩》《咏汤泉》《佛迹石》，引得杨万里、宋湘等人先后慕名而来；白鹤峰上的新居，苏轼花了不少心思，他打算在这千岩上构筑 20 间屋子，余生哪也不去了，就在岭南安度晚年。

苏轼的确做好了扎根惠州的准备，他把这里的百姓当成了亲人，为他们驱瘟疫；教他们用秧船插秧，提高水稻种植技术；帮他们争取更低的税额；为他们修了丰湖的堤坝，苏轼通过自己微薄的力量一点点落实了惠民工程。所以清朝名士才说：“一自坡公谪南海，天下不敢小惠州。”

罗浮山下四时春，卢橘黄梅次第新

罗浮山位于广东省惠州市博罗县，是珠江三角洲内的第一高峰，被誉为“岭南第一山”。它与东莞、增城、龙门三地交界，地理位置优越，交通便利。罗浮山地形复杂，山势险峻，大小山峰432座。由于处于南亚热带季风气候区，所以罗浮山气候温和，雨量充沛，四季都适宜植物生长，这里的森林覆盖率在90%以上，是一块宝贵的地球绿肺，难怪苏轼在千年前说：“罗浮山下四时春，卢橘黄梅次第新。”

罗浮山的一草一木都值得苏轼诵咏，但他大概是偏爱梅花的，他曾写“罗浮山下梅花村，玉雪为骨冰为魂。”这个梅花村就是如今罗浮山中的梅山，梅山总面积超过1万平方米，栽满了梅树。

每年12月到次年2月，梅花相继在枝头绽开，簇簇团团连成了一片花海，香气迷醉，春梦一场。诗文中经常引用的“师雄梦梅”的典故，就是出自这里。据说隋朝有一名官员叫赵师雄，因为厌倦官场腐败而辞官到罗浮山隐居。有一天他在罗浮山随意行走，不知不觉间走到一处全是梅花的地方，他随手打开一户人家的大门，竟看到一位貌美佳人端着酒出来迎接，还有一位绿衣童子表演歌舞，应和着撩人的春色和迷人芬芳，让赵师雄大醉一场睡了过去。等他醒后，发现自己躺在一棵梅树下，才知道刚才不过是一场梦。

或许就是人间有太多难圆满的美梦，所以罗浮山冲虚古观的香火才格外旺盛。冲虚古观位于罗浮山主峰下，从宋朝开始就是道家圣地，葛洪博物馆就建在其中。一直到现在，惠州人都会在每年农历九月十九在这里举办

惠州罗浮山盘龙飞瀑

冲虚观的屋檐具有典型的岭南风格。

罗浮山冲虚观

盛大的祭祀活动，祈求神灵保佑五谷丰登、六畜兴旺。

在道观三清殿前有一棵千年古柏，虽然历经千年的风雨洗礼，依然枝繁叶茂，被誉为“罗浮山之宝”。观内还有一口“阴阳石井”，据说这两个井水一个是甜的、一个是苦的，恰好契合了阴阳调和、生死轮回的道教哲学思想。

山崖、古观，光是这些就足够让人浮想联翩，更别说罗浮山还有980多道瀑布和泉水，迷人的水色足以构建出一幅仙境美卷，让人不禁感慨：苏轼发现美的眼光永远值得信赖。

总把丰湖作西湖

惠州西湖原本是叫丰湖，但苏轼总是误把它叫作“西湖”，后人索性就把丰湖改成了西湖。和杭州西湖相比，惠州西湖小了一半，但湖中也有苏堤、九曲桥、孤山。当年丰湖上也有一座桥，但常修常坏，地方政府也苦于经济原因再也修建不起。于是两岸的百姓来往全靠船，经常有人溺水身亡。

为了让湖两岸的百姓通行便捷、安全，苏轼开始琢磨要在丰湖修两桥一堤，他卖了仁宗皇帝在世时送给他的犀牛角腰带，还写信给苏辙夫妇让他们捐赠了一些钱。当地的太守詹范一直仰慕苏轼，所以对苏轼提出的建议也认真考察并予以采纳。

就这样，丰湖上多了两桥（东新桥和西新桥）一堤。西新桥是一座五孔石拱桥，桥面由花岗岩铺开，处于苏堤的中段。只是苏轼当年修建的是一座木桥，全部由不怕白蚁咬、坚硬如铁的石盐木构筑而成，现在的石桥是后人新建；东新桥处于西枝江汇入东江

此生归路愈茫然，
无数青山水拍天。
——《慈湖夹阻风》苏轼

九曲桥在孤山以北，
直通西湖平湖中的点翠洲。

惠州西湖上的九曲桥

惠州西湖风景区

的地方，苏轼将它建成了一座船桥，四十舟连成二十舫，用铁锁石碇来稳固桥身，整座桥可以随着水势涨落。

两桥一堤建完的那天，百姓们庆祝了三天三夜，喝酒、摆席，连西村的鸡都要吃光了。大家虽然互不相识，但都在桥上彼此问候、一起欢腾，苏轼用实际行动拉近了那些本来陌生的距离，是湖水两岸，也是人心。

除了欢愉，惠州西湖还有一抹哀愁。

在西湖孤山的坡上，是朝云墓和六如亭。王朝云是苏轼最后一任妻子，她在苏轼最落魄、孑然一身的时候不离不弃，在苏轼难挨的暮年逗他开心、为他缝补，照顾他的饮食起居。即便所有人都认为惠州之行必然充满苦厄，但朝云依旧跟着去了。可惜朝云没有陪苏轼到最后一刻，病苦中念着佛教的“六如偈”溘然长逝。苏轼后来说：“不合时宜，唯有朝云能识我；独弹古调，每逢暮雨倍思卿。”为了纪念苏轼晚年的挚爱，后人修建了朝云墓和六如亭。

西湖风景区内的东坡纪念馆

西湖风景区内的苏东坡像

惠州，凝聚了苏轼的哀愁、功绩、坦然与离愁。可是，人间哪一处地方不是这样呢，处处都有喜怒哀乐。唯一能应对的，只有像苏轼一样去做脚踏实地的事、去看五光十色的风景、去好好珍惜志同道合的人。

千古兄弟情

苏轼喜欢吃肉，但在惠州当个虚职实在没什么闲钱满足口腹之欲，馋了的时候他就让屠夫给他留一点儿没人要又便宜的羊脊骨。他把羊脊骨先煮熟，然后用烈酒浇在上面，撒上盐后开始烤，烤到肉质焦黄就可以吃了。这样烤出来的羊蝎子竟然比羊肉还要好吃，苏轼迫不及待把这个小事写信告诉苏辙，他说因为把骨头吃得太干净了，连狗都不高兴了。羊蝎子也因为苏轼的推崇，成了岭南人桌上的一道美食。

苏轼：
子由三年食堂庖，所食刍豢，没齿而不得骨，岂复知此味乎？戏书此纸遗之。虽戏书，实可施用也。然此说行，则众狗不悦矣！

此心安处是吾乡

儋州

城市名片

名　　称　儋州（今海南省儋州市）
美　　誉　“诗乡歌海”“诗词之乡”“楹联之乡”“书法之乡”
位　　置　海南岛西北部，毗邻北部湾
东坡线索　1097—1100 年任琼州别驾
东坡足迹　中和古镇、东坡书院、载酒亭
东坡诗文　《六月二十日夜渡海》《别海南黎民表》《纵笔》《澄迈驿通潮阁》《儋耳山》等

东坡生平

又贬琼州别驾，居昌化。昌化，故儋耳地，非人所居，药饵皆无有。初僦官屋以居，有司犹谓不可。轼遂买地筑室，儋人运甓畚土以助之。独与幼子过处，著书以为乐，时时从其父老游，若将终身。

——《宋史·苏轼传》

在惠州安置的三年，苏轼“泊然无所蒂芥，人无贤愚，皆得其欢心”，即使生活在当时偏远穷僻的地方，病困交加，苏轼仍能自得其乐，甘之如饴，提笔写下小诗：“白头萧散满霜风，小阁藤床寄病容。报导先生春睡美，道人轻打五更钟。”传说正是这句“春睡美”流传到京城后惹怒了他的政敌，于绍圣四年（1097）再次遭贬。这一年，苏轼已经 60 岁了。宋代官员贬到儋州，是仅次于死罪的处罚，苏轼在给友人的信中说“某垂老投荒，无复生还之望。昨与长子迈诀，已处置后事矣。今到海南，首当作棺，次便作墓。乃留手疏与诸子，死即葬于海外”，做好了赴死的准备。

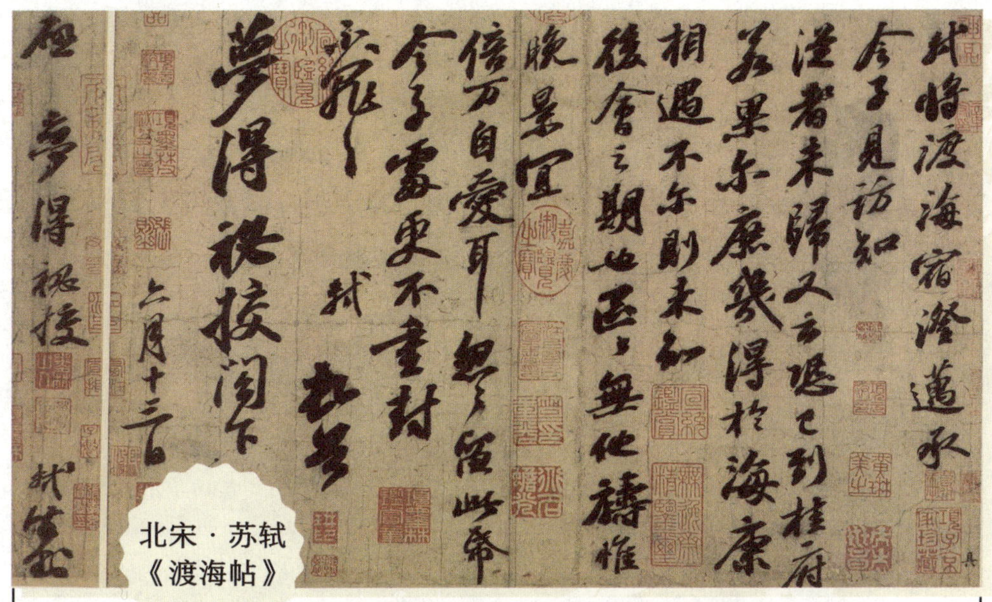

北宋·苏轼《渡海帖》

元符三年（1100），宋徽宗大赦天下，苏轼离开海南诏徙廉州（今广西壮族自治区合浦县），途中写此尺牍予挚友赵梦得。此作随意无羁，纯真潇洒，浑然天成，为苏轼晚年代表作。

余生欲老海南村

海南省位于我国最南端，是中国内地唯一的热带海岛省份，也是中国仅次于台湾岛的第二大岛，因孤悬于南中国海域中而得名。海南岛四周低平，中间高耸，呈穹隆山地形，核心地貌为山地和丘陵。

历史上海南岛有三种古称：珠崖、儋耳、琼台。据文献资料，“珠崖”源于“郡在大海中，崖岸之边出珍珠”，故名“珠崖”；“儋耳”源于海南岛古部落的绣面习俗（在脸面上刻上花纹，涂以颜色，耳朵上戴有装饰用的耳环而下垂），因而得名；“琼台”源于“境内白石有琼山，土石皆白而润”，宋神宗熙宁年间琼州置琼管安抚都监台，遂称为“琼台”。

儋州市地处海南岛西北部，毗邻北部湾，海岸线300千米，是海南省陆地面积最大、海岸线最长的市县。西汉元封元年（前110），汉武帝在海南设立珠崖郡和儋耳郡。儋耳郡成为儋州历史上的第一个行政建制。西汉始元五年（前82），儋耳郡被罢，并入珠崖郡。东汉、三国时期曾复置。南梁大同年间（535—545），巾帼英雄冼夫人上书梁武帝，请求在儋州之地设崖州管辖海南岛，儋州成为海南岛的政治中心。隋大业六年（610），海南岛重新分置儋耳、珠崖、临振三郡。唐武德五年（622），在海南岛置崖州、儋州、振州三州，五代十国沿袭儋州建制。北宋熙宁六年（1073），儋州改为昌化军，但儋州的旧名仍经常被使用。

古时的海南，与现在著名旅游区的样子相距甚远，是一片远离京城的蛮荒之地，交通闭塞，与中原文明几近隔绝，“独上高楼望帝京，鸟飞犹是半年程”；瘴疠横行，疟疾丛生，自然条件极为艰苦，“岭南天气卑湿，地气蒸溽，而海南尤甚。夏秋之交，物无不腐坏者。人非金石，其何能久”，从隋代开始就常被作为贬官之所，至唐宋达到巅峰。仅唐宋两代就有至少18位宰相先后流贬海南。一大批具有很高文化素养的高官被贬官此地，无形中带动了海南和中原地区的文化交流。

绍圣四年（1097），已是花甲之年的苏轼贬琼州别驾，携幼子苏过，千里迢迢，万里投荒，乘舟渡海前往儋州。被贬崖州司马的唐代宰相杨炎曾留下这样的诗句：“一去一万里，千之千不还。崖州何处在？生度鬼门关。”苏轼深感前途渺茫，在赴任前与家人诀别，叮嘱后事。初到儋州，苏轼父子借住在官府的伦江驿之中，房屋破败，常常遭受风雨侵袭，仅能免于露宿荒野。昌化军使张中十分敬重苏轼，

儋州的海滨日落

为其修缮房屋。然而政敌的迫害跨海而来，派使者将苏轼父子逐出官舍，张中也因礼遇苏轼而被降职。父子二人只好在桄榔林中盖起简陋的茅屋容身。他在与友人的书信中记录了生活的艰苦：“此间食无肉，病无药，居无室，出无友，冬无炭，夏无寒泉，然亦未易悉数，大率皆无耳……近与小儿子结茅数椽居之，仅庇风雨，然劳费已不赀矣。”

处境艰难，苏轼仍旷达超然。他为居处写下铭文《桄榔庵铭》：“九山一区，帝为方舆。神尻以游，孰非吾居……”只要此心能安，四海无处不可居。即使被朝廷弃置，他也没有被三起三落的命运击垮，仍怀经国济民的抱负，正如“君看道旁石，尽是补天余”（《儋耳山》）所言，补天石即使被放到天涯海角，依然有补天之能。苏轼带领当地百姓改旧习、医疾病、务农桑、建学堂，为民造福，深刻影响了儋州百姓的生活。

当地人习惯取咸滩积水而饮，水质不够清洁卫生，以致常年患病。苏轼带领百姓勘察水脉，凿井取水，将水煮熟后再喝，改变了直接饮用沟渠积水的旧习，减少了疫病的发生。海南当时疟疾肆虐，百姓“病不饮药，但杀牛以祷，富者至杀十数牛。死者不复云，幸而不死，即归德于巫。以巫为医，以牛为药”，用巫术来治病。苏轼一面在当地寻找并采摘草药，一面向内地讨要药方，研制药物为民祛病。此外，苏轼作《和陶劝农六首》，劝说百姓改变以打鱼、狩猎、贸香为生的劳动方式，鼓励农耕，开垦荒地，种植水稻，同时倡导男女平等和民族平等，海南民风为之一新。

苏东坡被流放到海南，就他个人的命运而言，是不幸的。但是他随遇而安，带来了中原文化，开馆授徒，敷扬文教，讲学明道，教育人才，提倡移风易俗，劝导民族团结，推动社会进步，对于孤悬海外的海南来说，倒是难得的机遇。所以后人评论苏东坡的这一段经历，发出了“东坡不幸海南幸”的感慨。他与儋州大地、儋州黎民的这段“鸿雪因缘”（今载酒堂内匾额），对这块土地影响之深，至今人们仍可以深切地感受到。

载酒堂：笠屐风流在儋州

“春牛春杖。无限春风来海上。便与春工。染得桃花似肉红。春幡春胜。一阵春风吹酒醒。不似天涯。卷起杨花似雪花。”东坡先生这首词，久已脍炙人口。写春景到了如此地步，不管是东坡本人还是读者，不能不产生一种喜悦心情。东坡这首词的写作地点就是今日的海南。苏轼被贬官海南，

儋州东坡书院

固然是人生的一大变故，但是海南对于已经花甲之年的苏轼来说，却别有一番风采，笠屐风流俨然是东坡在海南的真实写照。来到海南，寻找苏东坡的遗迹，不能不细细品味一下儋州的东坡书院。

东坡书院位于海南岛儋州市中和镇，古时候是儋州府所在地，弯弯曲曲的村街全用青石板铺成，古庙古寺石碑随处可见。古老的东坡书院就在一片椰林之下。儋州州守张中和黎族读书人家黎子云兄弟共同集资，在黎子云住宅边建一座房屋，既可作为苏东坡及其少子苏过的栖身之处，也可作为以文会友的地方。苏东坡根据《汉书·扬雄传》中“载酒问字”的典故为房屋取名“载酒堂”。此后，苏东坡便在载酒堂里会见亲朋好友，并向汉黎各族学子讲学授业，传播中原文化。清代戴肇辰在《琼台纪事录》中写道：“宋苏文公之谪儋耳，讲学明道，教化日兴，琼州人文之盛，实自公启之。”

而今的东坡书院坐北朝南，院门轩昂宏阔古雅别致。门上横书“东坡书院”四字，为清代举人张绩所书。院内一座池塘清波涟漪，有小桥从池塘上跨过，直通载酒亭。载酒亭绿瓦重檐，上层四角，下层八角，各角相错，呈欲飞之势。亭中悬一块“鱼鸟亲人”横匾，取意于东坡诗

东坡书院正门匾额

东坡书院内的东坡笠屐像

东坡书院钦帅泉

句“二年饮泉水，鱼鸟亦相亲”。亭上绘有反映苏东坡当年生活、写作、授徒情景的8幅图画，生动形象。载酒亭东西两侧，有金鱼戏水、红莲盛开的莲池。

书院的第二进，是长方形的“载酒堂”。这里曾是苏东坡讲学、会友的地方，是东坡书院的主体建筑。后墙上的两幅大理石刻，右边一幅为明代大文学家宋濂所题，左边一幅是明代大画家唐寅所画的《坡仙笠屐图》，表现的是苏东坡头戴竹帽，脚穿木屐，高卷裤管，身体向前倾斜，在村路上顶雨急归的情景。

书院的最后一进是大殿，大殿正中有一组玻璃钢制作的塑像，是苏东坡和儿子苏过、好友黎子云，殿上题匾为“鸿雪因缘”。此四字之意，盖取东坡“人生到处知何似，应似飞鸿踏雪泥。泥上偶然留指爪，鸿飞那复计东西”诗意。另外，大殿里还陈列着苏东坡的许多书稿墨迹和他在海南的文物史料。

在东坡书院两侧各有一座小跨院，分别叫作东园、西园。西园是座花圃，在花海中矗立着苏东坡铜像，他手握书卷，脚踏芒鞋，儒雅风流。东坡笠屐铜像取材于《东坡笠屐图》。据记载，有一天，苏东坡去看望黎子云，路上遇到下雨，于是向近处农家借用竹笠和木屐，穿戴起来怪模怪样，惹得妇女儿童相随争笑，农家的狗也对着他吠叫。苏东坡也乐了，说：“笑所怪也，吠所怪也！”

元人王仕熙《东坡书院》诗云：“元祐先生玉署仙，海南遗迹有双泉。古城云锁荒祠月，高树风吹野水烟。酌酒浮杯空九曲，断碑怀古又千年。醉醒谁唱沧浪曲，兴在山城缥缈边。”同为贬臣，发出的感慨和东坡初到海南何等相似。岁月留痕，东坡书院庭

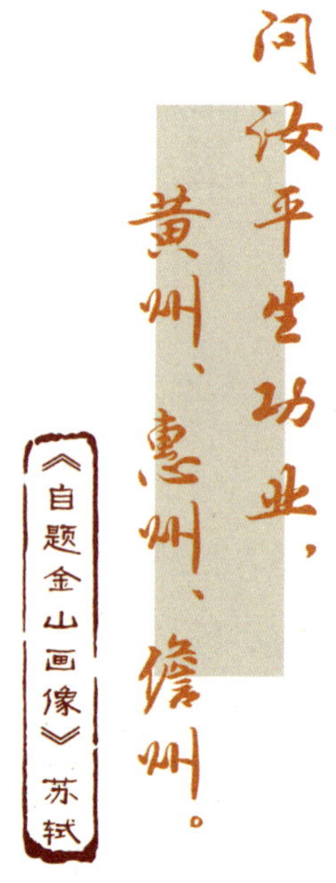

树依依，任凭这世人凭吊，或许再也无人像王仕熙那样感慨万千了。

儋州美食要保密

儋州生活不易，“海南连岁不熟，饮食百物艰难”（《与侄孙元老书》），日子清贫而萧条，但苏轼的美食发明之旅不曾停歇。

“北船不到米如珠，醉饱萧条半月无”，海南的大米基本都是由内陆运来，但每逢台风天气，运送大米的船就会断航，“土人顿顿食薯芋，荐以熏鼠烧蝙蝠。初闻蜜唧尝呕吐，稍近蛤蟆缘习俗”（《闻子由瘦》），当地人只能用薯芋来裹腹，甚至连老鼠、蝙蝠、蛤蟆等都要被烟熏烧烤来充饥肠。刚知道这样狂野的食谱，苏轼只想呕吐，但后来还是不得不入乡随俗。苏过心疼父亲，用当地的主食薯芋掺杂碎米煮羹，名曰“玉糁羹”，苏轼吃得心满意足，给出了“色香味皆奇绝。天上酥陀则不可知，人间决无此味也”的

千古兄弟情

1098年，诏移苏辙循州安置，7月苏轼才知道这个消息。循州荒僻寥落，言语不通，饮食无有，且水路狭隘难行。苏轼通知在惠州的儿子苏迈，在苏辙一家路过时留下家眷住下照顾。苏辙带儿子苏远于8月到达循州贬所，因找不到信使，苏轼无法得到弟弟的消息，心里忧虑不堪，只好端策问卦，用揲蓍古法，卜得“遇涣之内”。

苏轼根据卦辞研考精详，认为判断不会错，心里大为安定。

儋州盛产椰子，苏轼把椰汁当美酒细细品味，苏过将椰壳制成帽子，称其“椰子冠”，寄给贬居雷州的苏辙，叔侄三人写诗隔海唱和，用细小的生活情趣来对抗世事的无常。

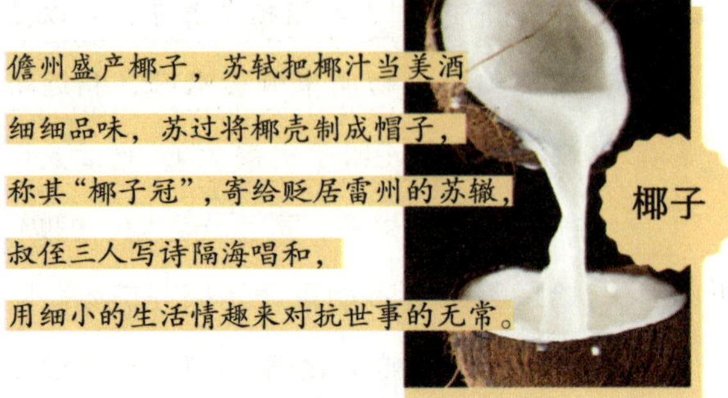

椰子

生蚝

高度评价，并赋诗一首：“香似龙涎仍酽白，味如牛乳更全清。莫将南海金齑脍，轻比东坡玉糁羹。”

儋州很难吃到内陆所习惯的肉食，“五日一见花猪肉，十日一遇黄鸡粥”，但这难不倒苏东坡。儋州海岸线绵长，海产品十分丰富，苏轼逐渐摸索出烹饪生蚝的方法，记录在《食蚝》一文中：“剖之，得数升，肉与浆入水，与酒并煮，食之甚美，未始有也。又取其大者炙熟，正尔啖嚼……每戒过子慎勿说，恐北方君子闻之，争欲为东坡所为，求谪海南，分我此美也。”个头较大的生蚝用火烤熟，小一些的生蚝将肉取出与酒共煮，食之鲜美异常。苏轼还诙谐地调侃，生蚝的美味需要保密，不能让朝廷的人知道，不然他们都会争相要求贬谪海南，来分享这一美食。贬谪荒地的悲凉，也掩盖不住骨子里的达观。

◆东坡逸事◆

兴儋州文脉

苏轼在载酒堂教学授课，弟子众多，琼山人姜唐佐慕名而来，从学东坡。苏轼“甚重其才”，鼓励他外出应试，并赠诗曰“沧海何曾断地脉，白袍端合破天荒”，约定“子异日登科，当为子成此篇”。姜唐佐没有辜负苏轼的期望，宋徽宗崇宁二年（1103），成为海南历史上第一位举人。乡试通过后，姜唐佐赴京应试，途经河南汝州拜会苏辙，得知苏轼已于遇赦北归途中谢世。苏辙感慨万千，为哥哥续完此诗：“锦衣今日千人看，始信东坡眼力长。”宋元明清几代，海南共出举人767人、进士97人。

常州 也无风雨也无晴

城市名片

名　　称　常州（今江苏省常州市）
美　　誉　“季子故里”“三吴重镇”“常乐之州”
位　　置　江苏南部，长江中下游平原，长三角腹地
东坡线索　1073 年于常州赈灾；1084—1085 年流放常州；1101 年于常州病逝
东坡足迹　藤花旧馆
东坡诗文　《除夜野宿常州城》《与孟震同游常州僧舍三首》等

东坡生平

今虽已至泗州，而赀用罄竭。去汝尚远，难于陆行，无屋可居……臣有薄田在常州宜兴县，粗给饘粥，欲望圣慈许于常州居住。

——苏轼《乞常州居住表》

苏轼对常州的感情非常特别，他在漂泊半生的仕途之旅中到过常州十多次，甚至还两次上表朝廷，希望可以定居常州。直到他人生的最后一年，他才终于达成所愿，定居常州。

苏轼为什么这么热爱常州？一个至关重要的原因是他 20 岁出头在京都考试的时候，认识了许多来自常州的考生，其中有三位一见如故，并且约定好以后要一起住在常州。后来苏轼到常州多次，被这里的江南风光深深吸引，再加上和好友相约，逐渐笃定要在这里定居。

烟花已作青春意，霜雪偏寻病客须。

《除夜野宿常州城外二首·其二》

仰苏阁

东坡公园内的苏轼雕像

君子之乡数常州

江苏常州，一个温润如玉的地方，不仅有美丽的江南风景，还有出色的君子品格。苏轼曾在给常州好友钱君倚的悼词中写：“吾行四方而无归兮，逝将此焉止息……独徘徊而不去兮，眷此邦之多君子。”

常州的君子之风，是从春秋时代的季札开始的。季札是吴王寿梦的第四个孩子，当时寿梦想称霸却一直没能成功，他觉得几个孩子里只有季札兼具贤德和治国才能，可以帮他圆梦，所以打算把王位传给他。没想到季札并不接受，他认为既然祖上有传位给长子的规矩，就不该被打破。

寿梦没办法，就在临终前把王位传给了长子，并嘱咐长子将来务必将王位传给弟弟们，一级一级传下去，直到传给季札。寿梦去世之后，长子没有立刻继位，而是表示要把王位让给季札，却被季札再次拒绝了。多年之后，长子再次提出让位给季札，季札还是不同意，而且这次他索性抛家舍业，跑到乡野间做了一个农夫。

之后长子按照父亲的遗愿，将王位一级一级向弟弟们传去。传到三弟余昧这里，余昧依旧让位给季札，还是被季札拒绝了。这件事让长子的儿子公子光非常不高兴，他认为父亲死后应该是自己继位，而不是那些叔叔们，所以他买通刺客刺杀了余昧，然后假惺惺地说要让位给季札。当然，季札还是没有答应。最后公子光继位，也就是后来的吴王阖闾。

季札三让王位的事情足够配得上君子之名，而他的封地延陵（今常州、江阴一带）也成了君子之乡，世代延续着君子之风。苏轼到常州的时候，还特意写了一篇《延州来季子赞》称颂季札的品格。

作为一个君子之邦，常州出了许多儒士，先后有1500多名进士，其中包括10名状元，陆游曾说常州："儒风蔚然，为天下冠。"从古至今，常州出了许多影响全国的仁人志士，像是主持编写《永乐大典》的陈济，在乱世中开国的南齐、南梁皇帝萧道成和萧衍，"中国实业之父"盛宣怀、和陈寅恪齐名的吕思勉、"中国的爱因斯坦"华罗庚、中国无产阶级革命家瞿秋白等。

于是在常州最常见的景致就是人文景观，有春秋古城淹城、瞿秋白纪念馆、苏轼终老的藤花旧馆、太平天国护王府等。对于波折一生的苏轼来说，常州的儒雅和淡然是他最渴望的。那些曾经的雄心壮志，都要在最后的一抹平静中归于尘埃。

绿荫如庇佑，东坡不朽

常州红梅公园的东南侧有一处不大的公园，是1954年在南宋舣舟亭的基础上扩建而成的东坡公园。一座半岛，三面环水，里面铺满了江南园林的绿荫，就像苏轼的庇佑一样不朽。

所谓舣舟亭，舣就是系的意思，是苏轼乘船来往常州最常停靠上岸的

红梅公园

吾行四方而无归兮，逝将此焉止息。

——《钱君倚哀词》苏轼

地方。南宋时常州百姓为了纪念苏轼特地建了一座舣舟亭，清朝康熙、乾隆两位皇帝也曾来过。这是一座四角双檐九脊亭，位于公园的最高处，登上去可以看到公园的整个绿意。

从舣舟亭上半岛要经过一座广济桥，它兴建于明正统十二年（1447），原本横跨在大运河和南运河的交汇处，1986 年因为运河拓宽而移到公园里。

距离舣舟亭不远的地方有乾隆皇帝当年来常州写的六首诗的碑刻，其中有三首都是称颂和怀念苏轼的诗文。一个无论生活多么逼仄，都能勇敢昂起头的人，很难

舣舟亭

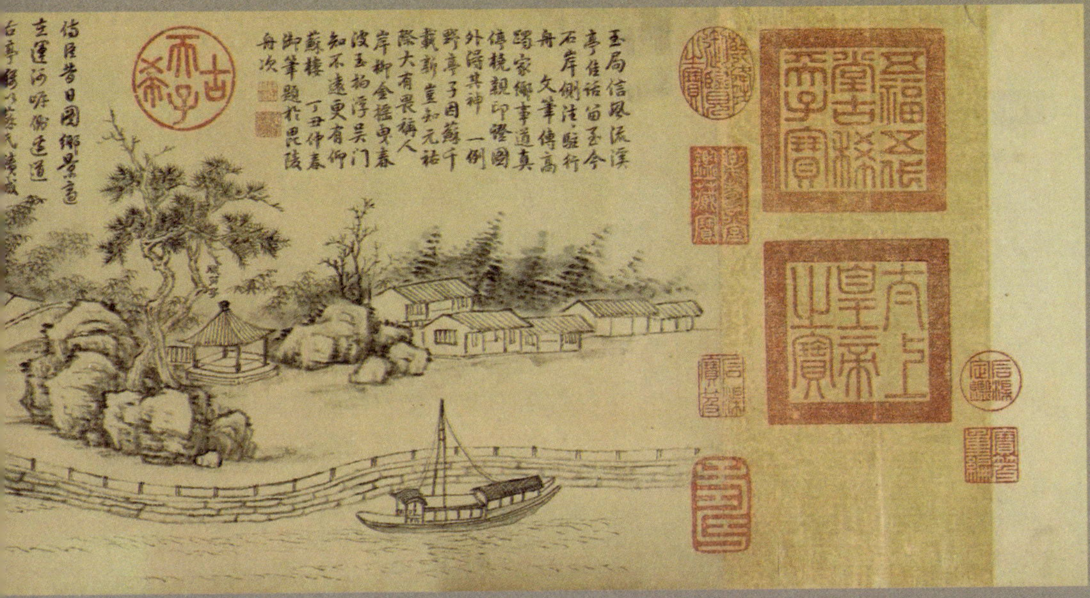

清·钱维城《苏轼舣舟亭图卷》

不被人喜欢和爱戴。

除此之外，公园里还有复刻了眉山中岩寺的唤鱼池、全龙造型的龙亭，以及有5000多株、70多个品种的牡丹园。每年4月，满园牡丹盛放，让人想起苏轼写的“丹青欲写倾城色，世上今无杨子华”。苏轼的热烈中总包裹着一丝哀愁，可他往往又从哀愁中生出新的希望。这就是苏轼一直被后人记挂的原因，他就像一粒小小的火种，倾注微薄的力量，终能燃起烈火，温热古今。

东坡公园唤鱼池

藤花旧馆，灰白色的梦想

在常州天宁区有一座青瓦白墙的院子，曾是苏轼终老的住所，因为他在院子里栽种过紫藤和海棠，所以明朝中期为其取名为“藤花旧馆”。藤与花，现在依旧存活在院内的东北侧，只是无法断定是否为苏轼当年亲手种植的那些，但不妨碍它们顺着白墙一直向上爬，每年春天都会在青瓦的附近连成一片紫红色的花海。

藤花旧馆分归里园和憩心园，名字都取自苏轼那句“今且速归毗陵，聊自憩，此我里”。归里园是外庭，正门对的走廊上刻着苏轼两次陈情皇帝想定居常州的文章，一进门就能看到硕大的苏轼雕像。它出自常州本土的雕塑大师之手，上面刻着“毗陵我里”，依旧是出自上面那句话。

憩心园是内院，从归里园右折即到。这里有东坡当年洗砚台的水池，还有一口宋朝的石井，苏轼当年就喝这里的井水。右边的厢房，就是苏轼去世的屋子。

苏轼这一生自从步入仕途，所去的每一个地方都不是自己选择和愿意的，只有常州是他自己定的。自从元丰七年（1084）流放常州，他就生出了在此终老的梦想。只是这个梦想一直到元符三年（1100）才得以实现，而且是靠着宋徽宗刚刚继位大赦天下得来的恩典。

建中靖国元年（1101），66 岁的苏轼一边游历一边前往常州。此时的苏轼，半辈子都在黄州、儋州、惠州、定州等穷僻的地方度过，再加上高龄，身体早已衰败不堪。这年的六月，酷暑难当，苏轼一连几天腹泻，身体非常虚弱，他感到了自己命不久矣，所以写了一封信给苏辙，说：“即死，葬我于嵩山下，子为我铭。”

◆东坡美食◆

网油卷

传说，苏轼在常州，有一天吃米团时，忽然想到一个绝妙的吃法：“若内藏以豆泥，外裹以‘雪衣’，如糕团之炮制，改蒸煮之方为炸熘之法，岂非佳肴乎？”在米团里放入枣泥或者豆沙，外面包上一层像“雪”一样的东西，不用蒸、煮，而是用宽油炸，味道应该更好。苏轼按照自己的想法尝试了许多次，“雪衣”一样的东西都没有实现，即便是用蛋清包裹，也并不理想。后来美食家们前仆后继地尝试，终于研制出了今天的常州美食网油卷，外壳虽然不是雪白，但轻薄而脆，香味扑鼻，内里绵软香甜，甜而不腻，是非常出名的一道甜品。

六月十五，苏轼终于抵达常州，在好友的安顿下暂时住在了“孙氏馆”，也就是现在的藤花旧馆。然而接下来的一个月，苏轼病情迅速恶化，最终在这间借来的宅子里离世。苏轼数十次到过常州，曾为了给常州百姓筹集赈灾的粮款奔波了半年，除夕夜也是在送粮食的途中度过的。当时苏轼害怕惊扰乡民和当地的父母官，除夕夜躲在荒野之中独自度过，留下了“多谢残灯不嫌客，孤舟一夜许相依”的句子。

常州人也是爱苏轼的，苏轼去世后，“吴越之民相与哭于市，其君子相吊于家。讣闻四方，无贤愚皆咨嗟出涕”。这是一场双向奔赴的眷恋。

尽管苏轼最后在常州住了只有40多天，但这短暂的时光，是他人生中最自由的一次选择。这就像他的一生一样，希望哪怕再微小，也被他当成了照亮生活的光。

千古兄弟情

1098年2月，苏轼作《和陶渊明归去来兮辞》，这是一个“梦”，梦里是归乡，醒来却空无其事。这个倦于尘劳世患的老人，只能在梦中满足他归乡的欲望。此文写成后，寄与弟辙，要他同作。

这时候，苏辙方从雷州再迁循州，一时无暇及此，就将它搁下来了。

直到苏轼故后，苏辙整理家中旧书，

才又捡出这篇遗稿，乃泣而和之。

相逢一醉是前缘
——东坡“关系网”

专题

正如东坡先生自己所说，“吾上可陪玉皇大帝，下可以陪卑田院乞儿，眼前见天下无一个不好人”，他结交朋友不分年龄大小、身份贵贱，知己遍布天南海北、各行各业：有达官显贵，也有贩夫走卒；有些同路而行，有些匆匆一面；有人政见不同但精神相惜，有人荣辱升沉仍生死不渝，有人际遇不一后割席分坐。纵观苏轼一生，他的“关系网”可分为如下几类：

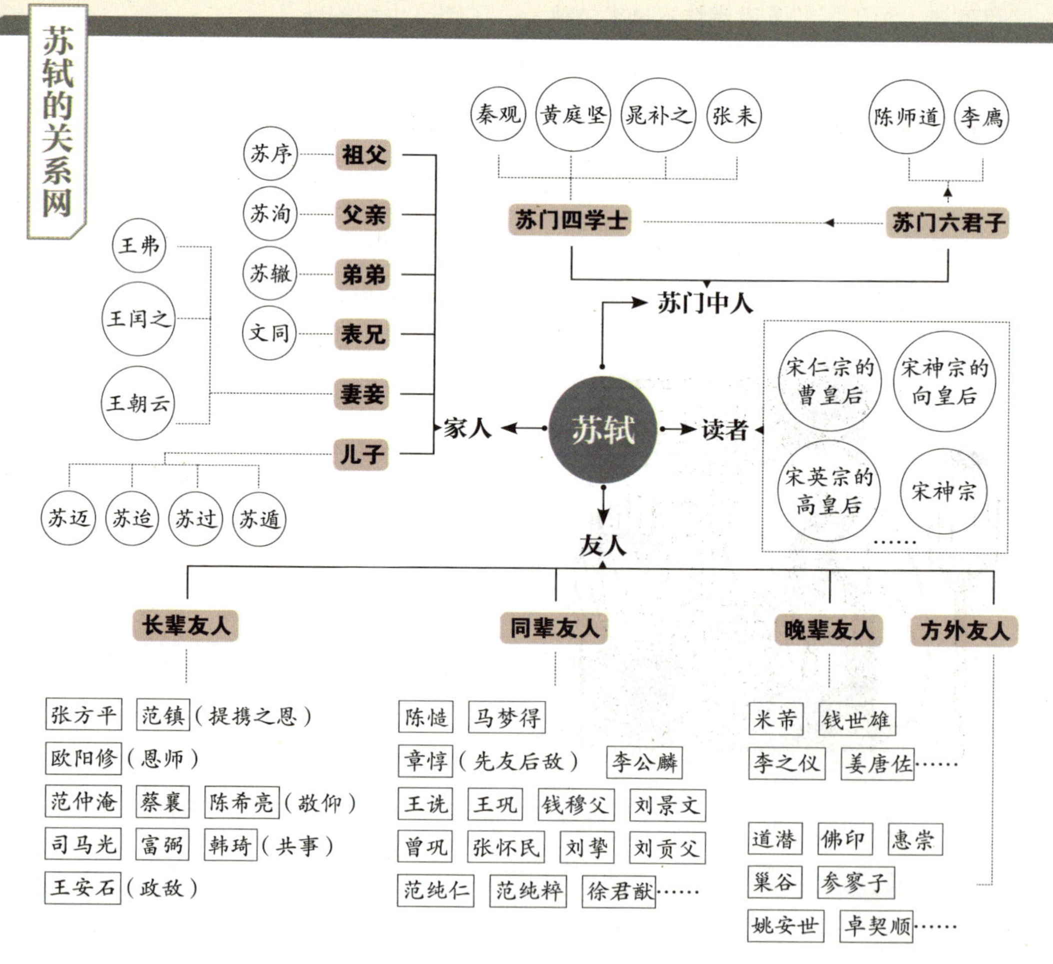

北宋元祐二年（1087），宋英宗的驸马王诜在自己的宅邸西园组织了一场集会，邀请苏轼和苏轼的朋友们——苏辙、黄庭坚、秦观、晁补之、张耒、米芾、李公麟、圆通大师、陈景元等当世文学家、书画家及方外之人共十六位在此游园聚会，史称“西园雅集”。

会后，李公麟作《西园雅集图》，米芾书写了《西园雅集图记》记录雅集盛况，“自东坡而下，凡十有六人，以文章议论、博学辨识、英辞妙墨、好古多闻、雄豪绝俗之姿、高僧羽流之杰，卓然高致”，西园雅集也被誉为“千年第一盛会”。

李公麟所作《西园雅集图》，画中人物动静自然、栩栩如生，西园雅集作为中国绘画史上的经典母题，被各朝代画家不断翻摹。

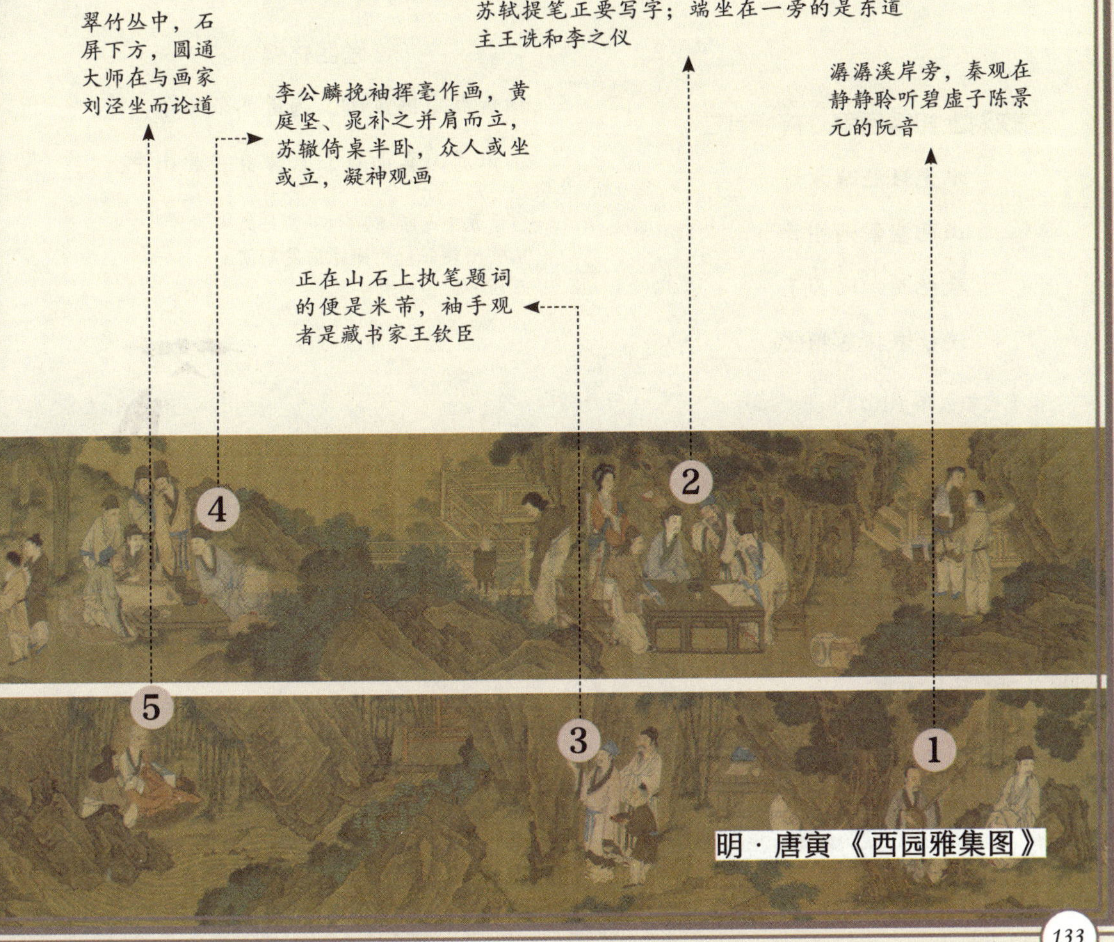

明·唐寅《西园雅集图》

课本里的苏轼 专题
——东坡诗词选

苏轼一生著述颇丰，在诗、词、文赋各个方面都取得了很高的成就。苏轼曾说：“大略如行云流水，初无定质，但常行于所当行，常止于所不可不止。”对他而言，“嬉笑怒骂之辞，皆可书而诵之”，他的作品“浑涵光芒，雄视百代，有文章以来，盖亦鲜矣”。

作为作品入选教材数量最多的作家之一，苏轼对每个中国人来说都不陌生。本专题选取部分中小学语文课本选编的苏轼诗词，哪一首最打动你？

题西林壁

横看成岭侧成峰，远近高低各不同。
不识庐山真面目，只缘身在此山中。

作于元丰七年（1084）四月二十四日
从黄州转任汝州团练副使期间
江西·庐山西林寺

饮湖上初晴后雨二首·其二

水光潋滟晴方好，
山色空蒙雨亦奇。
欲把西湖比西子，
淡妆浓抹总相宜。

作于熙宁六年（1073）正、二月间
任杭州通判
浙江·杭州西湖

六月二十七日望湖楼醉书

黑云翻墨未遮山，白雨跳珠乱入船。
卷地风来忽吹散，望湖楼下水如天。

作于熙宁五年（1072）六月二十七日
任杭州通判
浙江·杭州西湖

惠崇春江晚景二首·其一

竹外桃花三两枝，春江水暖鸭先知。

蒌蒿满地芦芽短，正是河豚欲上时。

作于元丰八年（1085）
与友人惠崇相聚汴京
惠崇所绘《春江晚景》

念奴娇·赤壁怀古

大江东去，浪淘尽，千古风流人物。故垒西边，人道是，三国周郎赤壁。乱石穿空，惊涛拍岸，卷起千堆雪。江山如画，一时多少豪杰。

遥想公瑾当年，小乔初嫁了，雄姿英发。羽扇纶巾，谈笑间，樯橹灰飞烟灭。故国神游，多情应笑我，早生华发。人生如梦，一尊还酹江月。

作于元丰五年（1082）七月
任黄州团练副使
湖北·黄州赤鼻矶

浣溪沙·游蕲水清泉寺

游蕲水清泉寺，寺临兰溪，溪水西流。

山下兰芽短浸溪，松间沙路净无泥。萧萧暮雨子规啼。

谁道人生无再少？门前流水尚能西！休将白发唱黄鸡。

作于元丰五年（1082）三月
任黄州团练副使
湖北·黄州清泉寺

卜算子·黄州定慧院寓居作

缺月挂疏桐，漏断人初静。
谁见幽人独往来，缥缈孤鸿影。
惊起却回头，有恨无人省。
拣尽寒枝不肯栖，寂寞沙洲冷。

作于元丰五年（1082）十二月
任黄州团练副使
湖北·黄州定慧院

定风波·莫听穿林打叶声

三月七日，沙湖道中遇雨，雨具先去，同行皆狼狈，余独不觉，已而遂晴，故作此词。

莫听穿林打叶声，何妨吟啸且徐行。竹杖芒鞋轻胜马，谁怕？一蓑烟雨任平生。

料峭春风吹酒醒，微冷，山头斜照却相迎。回首向来萧瑟处，归去，也无风雨也无晴。

作于元丰五年（1082）春
任黄州团练副使
湖北·黄州沙湖道中

江城子·密州出猎

老夫聊发少年狂。左牵黄，右擎苍。锦帽貂裘，千骑卷平冈。为报倾城随太守，亲射虎，看孙郎。

酒酣胸胆尚开张。鬓微霜，又何妨？持节云中，何日遣冯唐？会挽雕弓如满月，西北望，射天狼。

作于熙宁八年（1075）
任密州知州
山东·诸城

水调歌头·明月几时有

丙辰中秋，欢饮达旦，大醉，作此篇，兼怀子由。

明月几时有？把酒问青天。不知天上宫阙，今夕是何年。我欲乘风归去，又恐琼楼玉宇，高处不胜寒。起舞弄清影，何似在人间。

转朱阁，低绮户，照无眠。不应有恨，何事长向别时圆？人有悲欢离合，月有阴晴圆缺，此事古难全。但愿人长久，千里共婵娟。

作于熙宁九年（1076）中秋
任密州知州
山东·诸城

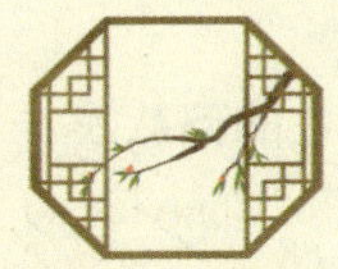

江城子·乙卯正月二十日夜记梦

十年生死两茫茫。不思量，自难忘。千里孤坟，无处话凄凉。纵使相逢应不识，尘满面，鬓如霜。

夜来幽梦忽还乡。小轩窗，正梳妆。相顾无言，惟有泪千行。料得年年肠断处，明月夜，短松冈。

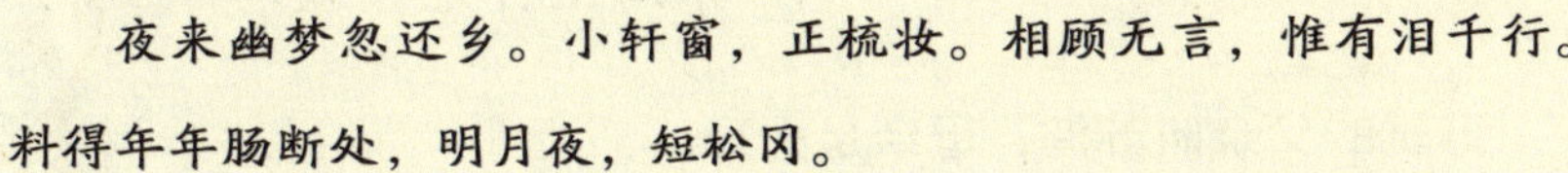

作于熙宁八年(1075)
任密州知州
山东·诸城

赠刘景文

荷尽已无擎雨盖，菊残犹有傲霜枝。
一年好景君须记，正是橙黄橘绿时。

作于元祐五年(1090)
任杭州太守
浙江·杭州

世间真有苏小妹？——东坡的母亲与妹妹

专题

历史上真有苏小妹吗？

苏轼与弟弟苏辙的兄弟情谊传颂千古。除此之外，传闻他还有一个妹妹名苏小妹，在一些文学作品和传说中，她是一位才华横溢、有着艺术天赋的女性。元代吴昌龄杂剧《东坡梦》、明代冯梦龙《醒世恒言》、清代李玉的传奇《眉山秀》都对这个人物进行了想象和艺术创作。其中最为有名的便是《醒世恒言》中"苏小妹三难新郎"的对联情事，让人们对苏小妹和北宋词人秦观的幸福婚姻津津乐道。

但苏小妹并不是真实存在的人物，真实存在的只有十八岁早亡的苏八娘。

"女幼儿好学，慷慨有过人之节，为文亦往往有可喜。"

——苏洵《自尤并叙》

苏轼的父亲叫苏洵，母亲是大理寺丞程文应的女儿程氏，后来称为程夫人。苏洵与程夫人共育有六个孩子，在苏轼和苏辙之前，长子苏景先、长女、次女均早夭，幼女八娘比苏轼大一岁。

"幼女八娘，聪颖爱学，为文可观。"

——司马光《程夫人墓志铭》

苏八娘从小就和苏轼、苏辙兄弟一起玩耍长大，由苏家乳母任采莲照顾。八娘幼时聪明好学，有一般女子所不具备的才学和志气。

十六岁的时候，苏八娘嫁给了程夫人母家兄弟程濬之子程之才。八娘的婚后生活并不幸福，经常受程家的虐待，程之才也薄情寡义。婚后第二年八娘生有一子，以致身染重病，而程家根本不为其诊治，苏洵夫妇只好把八娘接回家治疗，病情渐有好转。夫家此时却以“不归觐”为由夺走苏八娘身边的小孩，八娘只得带病回夫家，不久旧病复发，程家竟然袖手旁观，活活把八娘折磨致死，“三日便亡”。

死时十八岁。

苏洵痛失爱女，怨愤不平，在苏家祖坟西南边上筑起了一个亭子，号称族谱亭，写了一篇《苏氏族谱亭记》，刻在石碑上，并把苏姓家族的男女老幼全都召集在亭前，在祖宗和乡里族人面前，严厉谴责程家的种种薄行。虽然没有指名道姓，但人人都知道他骂的是眉山豪绅程氏。

深明大义程夫人

苏洵用暴怒的文字来泄愤，同时宣布与他的岳家从此断绝往来，家人子弟必须永远遵守这个禁令。这个禁令直到几十年后，年已半百的苏轼因公不得不与程之才往来才得以打破。

这件事中遭受打击最重的，是程夫人，她丧失了爱女，又断绝了母家，然而那个时代的女性，嫁人从夫，只能把一切横逆归诸命定。为了供丈夫读书和外出求官，他们全家在纱縠行租了一栋宅子，程夫人在这里经营布帛和织物生意，供全家生活。

再后来，丈夫带着两个儿子赴京赶考，她带着苏轼和苏辙的两个年轻媳妇看家，日夜操劳，逝世时最多不过四十余岁。此时的苏轼和苏辙在京师初放光彩，登科及第，而程夫人尚未感受荣光，便撒手人寰了。

苏洵将程夫人葬于彭山县安镇乡。苏洵在泉上筑了一个亭子，作《祭亡妻文》，感激她教养两个孩子的辛苦。

程夫人雕像

位于苏母公园，身边二幼子为苏轼、苏辙。

人间不可无一，难能有二
——东坡后话

专题

心似已灰之木，身如不系之舟。
问汝平生功业，黄州惠州儋州。

——苏轼《自题金山画像》

建中靖国元年（1101），在苏轼生命的最后一年，他翻山越岭回到了常州这个他最喜欢的城市。此时他的生命中，亲友抑或仇敌大都已经不在人世，当年轰轰烈烈的元祐党争也恍如一梦。苏轼将黄州、惠州、儋州作为自己平生功业之地，这三个地方是他的流放地，也是他的创作巅峰之地，那些江水与皓月，都随他的文字流淌于后世。

苏轼的思想中儒释道皆备，他的笔下时而流露出积极入世的精神，时而又是超旷消极的情绪。仕途顺利时，儒家的浩然正气充斥于字里行间；贬居地方时又善用佛老思想排遣。这样的文章风格复杂多变，加之文学造诣极高，深受民间喜欢。据说每一落笔，宋人“流俗翕然争相传颂”。欧阳修认为其“学问通博，姿势明敏，文采烂然，论议蜂出”。当时的人们都以研读苏轼的诗文为荣。

《欧阳修像》明 无款

北宋印刷术成熟，市面上出现了将文人诗词编纂起来售卖的书商，苏轼的诗文集便是畅销书籍。乌台诗案中，御史们为了收集罪状，直接去书肆买了一本《元丰续添苏子瞻学士钱塘集》。专家统计，当时宋人笔记中提到的苏轼文集有 24 种之多。

北宋至南宋时期，程朱理学兴盛，朱熹从意识形态角度对苏轼的诗文进行评价。他对苏轼的文字和气节非常推崇，但对苏轼的“思想不纯”深为痛恨，所以评价中常呈现一种“精神分裂”的行为。但南宋还有很多诗人能抛开意识形态，从文艺的角度来看待苏轼的作品。引发对苏轼作品水平讨论的是著名词人李清照。但她是站在北宋末词高度发达，字声越来越讲究的基础上，认为苏轼不仅不会作词，

清·崔错《李清照像》

还不合音律，将苏轼和苏门两学士一竿子打翻。

宋朝文人开辟了从意识形态和文艺理论来探讨苏轼作品的两大分野，后世的讨论和继承便没有超出过这个范围了。令人意外的是，苏轼的作品在北方少数民族中大受欢迎，形成了“苏学行于北”的盛况，尤其是金朝。金朝文人后来还以自己继承了两苏传承的唐宋古文为荣，以致元代研习苏轼的人也不少，叶曾盛赞苏轼诗词：“乐而不淫，哀而不伤，真的六义之礼。”

到了明朝，统治者将程朱理学尊为官方意识形态，研习苏轼诗文便不合时宜，苏学也随之走入低潮。但也有个别人喜爱苏轼，比如明中期名臣李东阳，看到常州人民为苏轼修建祠堂，便提笔写下《蜀山苏公祠堂记》，将苏轼视作精神偶像。

清代对苏轼诗词进行了系统的整理，评注苏诗成风，苏轼的诗词书籍也大为盛行，据说达到每家每户一套，五岁孩子也能诵读的地步。

近现代苏轼更是成为人们的精神支柱，他风雨飘摇的一生曾宽慰许多深陷困境的人。林语堂先生对苏轼评价极高，认为他是“人间不可无一，难能有二”的人物。在浩荡的历史长河里，苏轼的曲折复杂的生命轨迹成为不可复制的独特存在，文学造诣也达到了难以企及的高度，人格魅力上更是展现出无尽的光辉。他的名字和作品，像是江水中的明月，历经岁月的洗礼，仍然闪耀着动人心魄的光芒。

明·无款《十同年图卷》局部，此人为李东阳

人生如逆旅，
我亦是行人。
——苏轼